フランス「福祉国家」体制の形成

廣澤孝之 著
Hirosawa Takayuki

松山大学研究叢書第46巻

法律文化社

序

本書は、フランスにおける「福祉国家」形成に関する歴史的展開過程を検討することによって、フランス福祉国家の構造的特性の一断面を解明しようとするものである。

一　現代福祉国家の諸問題

歴史的概念としての「福祉国家」は、二十世紀後半の国民国家を特徴づけるものとして、社会科学の領域だけでなく、人口に膾炙した用語として定着している。「福祉国家」の概念規定をめぐってはかなり激しい議論が展開されてきたが、第1章で詳しく述べるように、「福祉国家は、すべての人に最低限の実質所得を保障することを目的として、市場システムの諸作用を修正しようとする一定程度の国家関与を意味している、という中核的部分では意見の一致がみられる(1)」と一応考えることができる。

こうした定義に基づく二十世紀的国民国家としての福祉国家に対しては、上の定義にみられる「すべての人」に対して、「最低限の」所得保障、「一定程度の」国家介入、などの諸概念をめぐってさまざまな考え方の対立があり、それは公的領域と私的領域の境界をどこに設定するかなど社会哲学上の大きな論争点を惹起させてきた。また「市場の諸作用の修正」をめぐっても、その具体的な政策のあり方に関して、さまざまな論点が経済政策論や厚生経済学において提示されてきた。しかし、福祉国家形成において一つの理論モデルを構築したとされる、第二次世界大戦後のイギリスにおいて、数回にわたる政権のスイングにもかかわらず、いわゆる福祉国家路線が堅持されたことを例証として、所得の再分配と完全雇用の達成を通じて、社会における実質的平等を推し進めていこうとする、二十世紀後半期国民国家体制としての福祉国家は、日本を含む先進資本主義社会において一定の政治的・社会的合意を獲得したと考えられてきた。

さらに、福祉国家の民主主義的基盤、つまりすべての市民が必要な社会保障給付や社会サービスを国家からの恩恵としてではなく、市民権的権利として受け取ることが法的に承認されるという側面に関しても、市民権の発展過程、つまり社会権の市民権的包摂としての理解が定着したと考えることができる。この市民権としての社会権の確立は、法制度上のものだけではなく、例えば、ヨーロッパ各都市における労働者向け集合住宅の威容にその可視的な表現をみることができる。これに対して、十九世紀末から二十世紀初めにかけてヨーロッパ各国においてみられた労働者文化の市民社会への包摂が進まなかった日本においては、有名な朝日訴訟など社会保障諸制度の法的受給権をめぐる具体的事例のなかで、憲法第二十五条の「生存権」規定の法的性格などをめぐる激しい議論も惹起された。しかし、持続的な経済成長の存在を背景に、日本においても積極的な福祉政策の推進をかかげて各地に誕生した「革新自治体」に対して危機感を抱いた自民党政権によって、一九七三年には本格的な社会保障制度改革が企図され「福祉元年」が提唱されるなど、社会保障制度の広範な整備に関するイデオロギー的論争に終止符がうたれ、福祉国家形成へ向けて広範な合意が政治的に成立したと考えられた。

しかし、一九八〇年代、イギリスのサッチャー政権を代表とする、新保守主義を掲げる政治勢力が一時的に台頭し、これまでの福祉国家的政策の成果の多くを否定するような諸改革を進めようとしていくなかで、この福祉国家形成に関する「合意」が意外にも脆弱であったことが明らかとなり、福祉国家の危機論がさまざまな形で提示されるようになった。さらに、経済のグローバル化にともない、国民経済の自律性が相対的に衰微していくなかで、国民国家の総合的政策目標として「福祉国家」の実現を位置づけることに対する疑問の声も上がるようになってきた。

しかし、一方ではそうしたさまざまな批判にもかかわらず、西欧国民国家の経済・社会構造のなかに組み込まれた「福祉国家」路線は、一定の不可逆的傾向をもち、また各種世論調査などの結果からみても、福祉国家政策に対する国民の支持率に、論壇で騒がれているほどの変化はないとする見方もある。たとえば第一に、一九八〇年代、最も典型的に戦後政治の福祉国家形成に関する「合意」を打ち破ろうとして、ベバリッジ報告以来最大の社会保障改革といわれた、ファウラー改革（当時の社会保障担当大臣の名前をとってこう呼ばれる）を行ったサッチャー政権下のイギリスにおいて、政府の予想・期待に反して、財政支出に占める社会保障費が逆に増大し、緊縮財政への転換を阻む最大の要因となったこと。第二に、コルポラティスム的福祉国家モデルの典型を作り上げたとされるスウェーデンにおいて、一九七〇年代半ばに、その高福祉政策が批判され一度下野した社会民主労働党が、経済運営に関する右派中道政権のオルタナティブ提示の失敗によって、一九八〇年代初頭には再び政権に返り咲いたことなどが、その根拠として指摘される。つまり、さまざまなイデオロギー的挑戦にもかかわらず、西欧先進諸国において福祉国家的諸政策に関する国民の広範な支持傾向に変化はみられず、また強引に福祉国家の構造改革を企てても、多くは失敗に終わっているとする見解である。

このように、現在、福祉国家をめぐる議論状況は、きわめて混沌としているといわなければならない。こうした状況にあって、現在福祉国家を主題とする社会科学研究は、「福祉国家」の概念を理念や政策の指針としてではなく、一つの歴史的概念として整理し直す段階にきているように考えられる。つまり「福祉国家」とは、国民経済の拡大を目指す近代国民国家が経験せざるをえない一形態なのか、それとも現代資本主義システムの構造的規定要因をなす一つの「体制」なのか、あるいは国民統合をめぐる、厳しい階級的対立の緊張関係のなかから生じたイデオロギー的妥協の産物なのか、といった問いかけである。

そうした問いかけに対し、これまでの研究において一般的であった、イギリス福祉国家の発展過程を福祉国家発展の普遍的モデルとすることには多くの問題がある。今日必要なのは、各国において福祉国家を生み出したものが何であったのかを解明し、その過程の多様性と類似性に着目するなかから、福祉国家の推移を比較史的に把握することである。そうした比較検討のうえでこれまで欠けていたのは、福祉国家の形成を十九世紀末以来の産業化社会が抱えた「社会問題」に対する壮大な解決の試みとして比較検討することであろう。とくに福祉国家の形成を不可避のものとしてきた近代産業社会の構造変化、なかでも「社会的結合関係」(sociabilité) の激変に対する、新たな社会的共同性構築の試みとして福祉国家形成をとらえ、それらの過程を、国際比較を含めて実証的に解明していくことは、今後の大きな課題である。

これまでの日本における福祉国家史の比較研究には、大きく二つの特徴が存在したと考えることができる。第一は、イギリス中心主義といえるもの、つまり有名なベバリッジ報告の歴史的意義を中心に、いわゆる福祉国家の理論モデルを作り上げたイギリスの福祉国家形成史に焦点をあて、その展開過程から福祉国家形成の政治・経済的メカニズムを解明しようとするものである。こうした先進的福祉国家への関心の集中という傾向は、近年では主たる研究対象が、イギリスからスウェーデンに代わったものの依然として継続している。[2]

第二に、福祉国家論における政治経済学中心主義。これは、これまで福祉国家が主としてケインズ主義以来のマクロ的経済政策とのかかわりで論じられてきたこともあり、福祉国家に関する研究が、現代資本主義論や経済体制論の文脈を中心に、主として経済学者によって進められてきたことである。[3] また、ネオ・マルクス主義の立場からは、福祉国家を資本主義の危機管理の一形態としてとらえる見方が提示され、大きな影響を与えてきた。[4] もちろんこうした傾向のなかには、優れた研究の蓄積もみられるが、分析の視座がやや経済構造に焦点をあて過ぎている嫌いがある。

これに対して、政治学の分野においては、「福祉国家の危機」論や福祉国家へのさまざまな批判が提示され、またそれに対する反論が提起されるなど、数多くの議論・共同研究などが展開されたにもかかわらず、[5] 福祉国家をめぐる概念論争にとどまらず、福祉国家体制の形成過程を俎上にのせ、その内的構造を解明しようとしたものは比較的少なかった。さらに、社会学など社会科学一般にその範疇を広げても、福祉国家の社会構造的基盤や福祉国家の理念を支える、社会的意味空間に関する実証的な研究の蓄積はあまりなかったといえる。[6]

本研究は、このような状況をふまえ、これまでのイギリス中心主義や政治経済学的アプローチとは異なる視点から、福祉国家の形成過程と、その政治社会的基盤の考察を試みるものである。とくに、これまでその重要性にもかかわらず、日本における福祉国家史研究のなかであまり対象とされることのなかった、フランスにおける福祉国家形成過程を取り上げることにしたい。

二　フランス福祉国家史の位置づけ

福祉国家の歴史的展開過程を比較史論的に考察するにあたって、フランスを主たる対象として選んだ理由は次の三点である。第一に、これまでの福祉国家研究におけるイギリス中心主義を排し、さまざまな福祉国家史の多様性に着目しようとする際に、フランスが占める独特の地位である。つまりフランスは、のちほど検討していくように、ドイツの社会保険、イギリスの包括的社会保障プランなどを外部から導入しつつも、大陸的コルポラティスムやカトリック的パテルナリスムの伝統など、アングロサクソン的個人主義とは異なる、社会・文化的背景の下で福祉国家形成を行った点である。

第二に、フランス福祉国家は西欧諸国のなかで、国民経済に占める社会保障関係支出の割合が現在ではトップクラスに達し、また旧体制（アンシャン・レジーム）以来の強い中央集権国家をもち、根強い国家ディリジスムの伝統のなかにありながら、のちほどみていくように、社会保障制度の非「国家主義」的運営の原則を、これまでほぼ一貫して維持してきた点である。

第三に、フランスでは福祉国家を論じるにあたって、その経済政策上の有効性よりも、国民的規模の「社会的連帯」を維持・強化していくため、諸社会保障制度に多様な役割を担わせようとしている点である。この点は、フランスにおいて諸社会保障制度形成の推進力となった社会セクターがどこであり、何を最も重要な政策課題と考えてきたかをみていくうえで決定的に重要な論点である。

この「社会的連帯」をめぐっては、日本でも社会保障制度は、家族・親族や地域共同体など従来存在した諸連帯組織に代わる、新しい社会的連帯を実現するための手段であるということが折にふれ言及されるが、この社会的連帯の内実について、本格的な検討がなされることは稀である。むしろ一九八九年のベルリンの壁崩壊以来、社会主義政治体制に対する「自由民主主義体制」の、政治体制としての普遍的な「勝利」が語られるなか、政治的課題として「社会問題」の解決や社会的連帯が語られる場面は大幅に減少し、政治における「社会的なもの」の価値は大きく後退しているといわなければならない。そして、高い失業率や社会的貧困の存在を「社会問題」ととらえることなく、事実上雇用維持を国家（政府）の責任外に置こうとしたサッチャー元イギリス首相のように、『社会』というようなものはそもそも存在せず、イギリスにおいて実在するのは国家と家族のみである」と、政治的議論の俎上に「国家（政府）」と「個人」のあいだに「社会」という領域を設けることそのものに対する懐疑あるいは嫌悪の念さえ一部にはみられるようになっている。こうした状況のなかで、福祉国家の課題とこれからの展望を考えるうえで、福祉国家を支える哲学的基盤ともいえる「社会的連帯」の概念について、その歴史的文脈をふまえて再検討することは必須な課題であると考えられる。

これまで述べてきたように、フランスにおける福祉国家形成過程の解明は、比較福祉国家研究の観点からも、またフランス政治社会の構造的性格を照射するうえでも、きわめて大きな意義をもつものと考えることができる。しかし、フランス福祉国家を正面にすえた研究は、その重要性にもかかわらず、国外はもとよりフランス本国においても、福祉国家の危機が唱えられはじめた一九七〇年代末にいたるまであまりみられなかった。その最大の理由としては、フランスにおいて「福祉国家」（Etat-Providence）という概念が、ずっとマイナスのイメージでとらえられてきたことがあげられる。

「福祉国家」と翻訳されるフランス語のEtat-Providenceは、フランス国内では一九六〇年代にはいってからようやく定着するなど、他の西欧諸国に比べるとその積極的受容がきわめて遅かったし、これまでも福祉国家政策のあり方が主要な政治的争点となることは少なかった。この傾向は現在も続き、各政党の選挙綱領などにも「福祉国家の充実」がスローガンに掲げられるようなことはほとんどなく、社会保障制度の拡充を求める諸勢力も「社会的連帯」の意義は強調しても、「福祉国家」という概念はあまり用いようとしない。むしろ、フランスにおいて「福祉国家」の概念は、その支持者よりもその批判者によって言及されることが多いという特徴をもっていた。のちほど検討していくように、その反対勢力のなかには、積極的福祉国家政策による最大の受益者となるはずの有力な労働組合運動があったこと、また労働勢力の福祉国家政策に対する批判には経営者側のパテルナリスムとの厳しい対立や革命的サンディカリズム的傾向の存在が背景にあるなど、福祉国家をめぐる議論は、フランス独自の政治的力学のなかにおかれていた。

このように「福祉国家」と一般に総称される国民国家の形態のなかで、フランスのEtat-Providenceがもっている構造的な特殊性と普遍性に焦点をあてることが、フランス福祉国家史研究の大きな課題である。

三　本研究の課題

本研究の中心的課題は、これまでみてきたような研究状況をふまえ、従来の政治経済学的要因を決定的とする見解を離れ、フランスの福祉国家形成における政治的・社会的要因の重要性を解明することにある。つまりフランスにおける福祉国家が、すでに述べたような特徴、とくに社会保障システムの非「国家主義」的管理・運営という特質を帯びるようになった諸要因のうち、とくにフランス政治社会の構造的・イデオロギー的要因にかかわるものを明らかにすることである。本研究では、とくにフランスにおける「福祉国家」の歴史的展開過程の特徴を、「社会連帯」の理念を中心とするフランス福祉国家論の影響や、総合的社会保障システムが構想された時期の政治社会状況に着目して解明しようとしている。本研究ではまた、フランスにおける福祉国家形成過程における、さまざまな制度導入をめぐる議論のなかで、通奏低音のように流れてきたものが何であったのかを明らかにし、イギリスの事例を典型とする福祉国家形成のあり方との相違を明らかにしていくことにしたい。

こうした問題関心から、本研究の主題である、歴史的概念としての福祉国家へのこれまでの理論的アプローチのなかで先行研究として重要な意義をもっているものは、第一に、P・フローラとA・J・ハイデンハルマーの視座である。(7) かれらはイギリスにおける福祉国家形成史の特殊性を強調し、イギリスにおける諸経験を、議会政治下における福祉国家形成過程の原型とみなすこれまでの見解を厳しく批判し、福祉国家を「長期間にわたる基礎的発展の諸問題に対する多かれ少なかれ意識的ないし反作用的な対応」とみなせるとしている。そして、これらの発展が何を意味し、これらの諸問題とは何かという「古典的マクロ社会学の根本問題」に対しては、多様な接近方法があり得るとして、マルクス主義的政治経済学、M・ウェーバー的社会学、そして社会連帯を中心概念とするデュルケーム的アプローチをあげている。

第二に着目したいのは、フランスにおける社会保障制度の形成過程を、フランスにおける共和政的諸原理の顕在化としてとらえたハッツフェルドの視点である。(8) かれは、フランスにおける「社会保障」理念の形成を、大企業家のパテルナリスムや共済組合運動の遺産、さらには社会正義に対する労働者の闘争の結果とみなすことに疑問を呈し、「友愛」(fraternié)の原理を顕在化させようとした「社会保障」の理念こそが、十八世紀啓蒙思想やその結果としてのフランス大革命の嫡出子であるとする見解を、十九世紀以来の労働組合運動や経営者のパテルナリスムをめぐる議論をふまえて提示している。

第三に、福祉国家形成過程の多様性に着目したものとして、英仏の国民国家形成を比較史論的に考察したアシュフォードの研究がある。[9] かれの研究は、英仏それぞれの福祉国家形成への政策決定過程を比較し、フランスでは、その時々の課題に個別に答えることを主眼として、きわめてプラグマティックに政策決定が行われ、したがって、制度全体としての調和に難を残していることを示したものである。またこの研究では、両国間のリベラリズムにおける「福祉」観の差異にも着目しているが、この点については本研究においても、フランス社会保障制度の形成過程のなかで詳しく検討していくことにしたい。さらにかれは、英仏両国の政治システムにおける私的セクターの位置づけの相違や、中央─地方関係の相違（地方政府・自治体のあり方の違い）が、両国の福祉国家形成とりわけ財源確保のあり方に、決定的な意味をもっていることも明らかにしている。[10] しかし、このアシュフォードの研究でも、財政問題に関する検討が中心で、フランスの社会保障制度が抱える多様な役割の政治的・社会的意義についての考察はほとんどみられない。

本研究が目指しているのは、こうした先行研究の成果をふまえながら、歴史的概念としての福祉国家の形成過程を、フランスを題材としてその形成と発展[11]を考察し叙述することで、フランス政治社会において「福祉国家」がどのような文脈で議論され、どのような時代的課題とのかかわりのなかで形成され、またどのような課題を今日にまで残しているのかを、フランス政治社会が抱えている構造的要因・制度デザイン上の制約条件をふまえて解明することである。こうした考察は、これまで福祉先進国からさまざまな制度モデルを取り入れ、十分な原理的検討がなされないまま、既存の制度との整合性のみに着目して諸制度が制定・修正されてきた、日本におけるこれまでの福祉国家論を再構成し、新しい福祉国家像を構想していくうえで大きな示唆を与えるものと考えることができる。

また、すでに「福祉国家」論から「福祉社会」論へと展開しはじめている現在の社会保障論[12]において、フランスがこれまで取ってきた社会保障システムの非「国家主義」管理・運営の原則は、社会保障政策の推進主体をめぐる「国家」と「社会」の緊張関係をどのように収束させ、望ましい関係を築いていくかを考察する際にきわめて大きな意義をもっているともいえる[13]。

以上のような課題を考察するため、本研究は、次のような諸論考によって構成する。第1章では、フランスにおける福祉国家史研究の諸課題を取り上げる。これまでの福祉国家発展に関する諸議論をふまえたうえで、福祉国家形成における政治的・社会的ファクターの重要性について考察を行っている。そのうえでフランス福祉国家の非「国家主義」的特性について考察し、その原因の解明が従来の政治経済学的アプローチでは難しいことを明らかにする。第2章では、フランス福祉国家の非「国家主義」的特性の第一の要因となった、フランスにおける「社会連帯」の概念の形成過程について考察している。とくに「社会問題」をめぐる共和政理論やル・プレー学派の社会改革案、第三共和政期に隆盛した「社会」再興の動き、なかでも「連帯主義」に関する考察を通じて、フランスにおける福祉国家の哲学的基盤を形成していくものについて考察している。第3章では、フランス福祉国家の非「国家主義」的特性の歴史的起源となった、第三共和政期の諸社会立法過程の特徴について考察している。そこでは一八九八年「労災補償法」や一九二八～三〇年「社会保険法」の成立過程などを検討し、フランスにおける「社会保障」の概念が、具体的な立法過程のなかでどのように形成されていったかを解明する。第4章では、これまで考察したフランス福祉国家をめぐる非「国家主義」的伝統が、本格的な福祉国家体制の形成をめざした第二次世界大戦後の社会保障改革において果たした歴史的役割について、改革の基本原理となったラロックプランが、どのように具体化されていったかを中心に考察する。そしてラロックプランを基本としたフランス社会保障システムの「一九四五

〜四六年体制」が、戦後フランスの国家体制の一環として一応の完成をみるものとなった過程と要因とを解明する。第5章では、第二次大戦後の経済成長のなかで安定・発展していったフランス福祉国家体制が、アルジェリア問題に象徴される脱植民地化やヨーロッパ地域経済統合などの影響を受けて大きく変貌していく姿を、ド・ゴール政権末期の大規模な社会保障制度改革を中心に検討する。そして最後に「ジュペ・プラン」に代表される近年の技本的な社会保障システム改革が目指しているフランス福祉国家再編の方向性について考察していくことにしたい。

(1) D.Weederburn, Facts and theories of the Welfare State, in R.Miliband and J.Saville (eds.), The Socialist Register, Monthly Review Press, 1968, p.128.
(2) 代表的なものとして、毛利健三『イギリス福祉国家の研究――社会保障発達の諸画期――』東京大学出版会、一九九〇年。とくに第2章における、世紀末イギリスにおける新自由主義に基づく「貧困」観の変遷をめぐる議論は、フランスにおけるそれとの対比において、イギリス福祉国家の形成過程の特徴を如実に示すものとなっている。
(3) そのなかでも、次の研究はきわめて貴重である。東京大学社会科学研究所編『転換期の福祉国家、上・下』東京大学出版会、一九八八年。
(4) 代表的なものとしてClaus Offe, Contradictions of the Welfare State, Cambridge, MIT Press, 1984.
(5) 代表的なものに、日本政治学会編『年報政治学一九八八 転換期の福祉国家と政治学』岩波書店、一九八九年。
(6) 社会学の領域から、市民権論とのかかわりを中心に福祉国家をめぐる理論状況を考察したものとして、伊藤周平『福祉国家と市民権――法社会学的アプローチ――』法政大学出版局、一九九六年。
(7) P.Flora and A.J.Heidenfeimer, The Development of Welfare states in Europe and America, Transaction, 1981.
(8) Henri Hatzfeld, Du paupérisme à la Scurité sociale 1850-1940, Presse Universitaire de Nancy, 1989.

（9）Douglas E.Ashford, The Emergence of the Welfare States, Basil Blackwell, 1986.

（10）Douglas E.Ashford, British Dogmatism and French Pragmatism, Central-Local Policymaking in the Welfare State, Georgeallen & Unwin, 1982.

（11）フランス福祉国家の形成と発展をできるだけ広範な視点から長いタイムスパンでとらえようとする本書の立場に示唆を与えたものとして、G・A・リッター（木谷勤ほか訳）『社会国家 その形成と発展』晃洋書房、一九九三年、がある。

（12）日本における福祉国家論から福祉社会論への転換に関しては、次のような指摘をつねに念頭に置く必要があるだろう。「福祉社会論が登場してくる背景には、個人の幸福追求を保障するために生まれたはずの福祉国家が、個人の私生活に官僚主義的かつ温情主義的に介入し、個人の幸福追求を妨害することがありうる、という認識、言い換えれば『福祉国家の目的と手段の矛盾』（ハーバマス）に関する認識がある。しかし、日本の場合は、福祉国家であることの矛盾以前に、福祉国家でないことの矛盾も抱えているから、一九九〇年代の今日になってもなお、福祉社会を実現するために、福祉国家を実現しなければならない、という状況から抜け出せないでいるのである。」武川正吾「社会福祉と社会政策」『岩波講座 現代社会学26』一九九六年、四六頁。

（13）このような視点は、当然福祉国家論ないしは福祉社会論と、市民社会論との密接な結びつきを想定させる。この問題については、本書においても結論で簡潔にふれるが、市民社会論における「国家」と「社会的領域」の緊張関係に対して「批判的共同社会論」を提示して、市民社会内部に止まらず、国家機構へも批判的に参加していく運動論を提起しているものに、マイケル・ウォルツァーの市民社会論がある。たとえば、マイケル・ウォルツァー（高橋康浩訳）「市民社会論」『思想』八六七号（一九九六年九月）など。

目次

第1章

フランス「福祉国家」史研究の課題

第一節　「福祉国家」史研究の課題

一　福祉国家の定義

現代世界における福祉国家の発展過程を解明するにあたって、まず直面するのは、現段階における「福祉国家」の概念把握の困難性をめぐる問題である。その困難性は、「歴史的概念としての福祉国家」が、福祉国家がどのように歴史的に生成し、発展し、そして試練に直面しているのかを考察しようとしており、対象となる福祉国家それ自体が変質していることにもかかわっている。しかし、問題はそれだけにとどまらない。現代国家はさまざまな理由からその機能を拡大し、その機構の各レベルにおいて組織を肥大化させているが、「福祉国家」はまさにこの現代国家の肥大化そのものを示す表象的概念としても言及されることがあるからである。しかし、「福祉国家」は、現代国家の肥大化を構成する一つの要素ではあるが、両者は概念的に区別すべきものであり、こうした概念的混乱が福祉国家をめぐる議論を難しくしている大きな要因である。もっとも、これから検討していく歴史的概念としての福祉国家の多様性からもうかがえるように、最初から「福祉国家」に厳密な概念規定を与えるよりも、福祉国家をめぐる議論状況を整理できる大きな理論的枠組みを整えることがまず重要な課題であるとも考えられる。

福祉国家の定義をめぐっては、これから述べる三つの立場が重要である。第一は、最低限の所得と福祉サービスを国民に保障することを、そのメルクマールとするものである。福祉国家に関する古典的な定義の代表として、A・ブリッグスは「歴史的パースペクティブにおける福祉国家」[1]において、次のように福祉国家を規定している。『福祉国家』とは、市場の諸力の作用を修正しようと努力して、三つの方向に、組織的権力が意識的に（政治と行政を通じて）行使されている国家である」、と。そしてその方向とは、「第一に、個人と家族にその仕事や資産の市場価値とは関係なく、最低限の所得を保障することによって、第二に、そのまま放置すれば個人と家族を危機に陥れることになる一定の社会的な偶発的事故に、個人と家族が対処できるように危険の幅を縮小することによって、第三に、すべての市民がその地位や階級の相違に関係なく、合意された一定範囲の社会サービスに関して利用できる最善の基準を提供されるよう保障することによって[2]」である。

このブリッグスの定義に対して、D・ウェッダーバーンは、ブリッグスが提起した第三の特質を福祉国家の本質に含めることに対して疑問を投げかけ、すでに序章でもふれたように、「福祉国家は、すべての人に最低限の実質所得を保障するために、市場の諸力の作用を修正しようとする一定程度の国家関与を意味している[3]」というように、福祉国家の概念規定をやや限定し、その点では一般的な見解の一致が存在しているとしている。ブリッグスとウェッダーバーンの福祉国家像の差異は、市民に提供する社会サービスの範囲を「最良の基準」とするか「最低限の基準」とするかにあり、福祉国家の概念把握に対する方向性の違いを如実に示している[4]。こうした違いにもかかわらず、ここに取り上げたイギリス人研究者の手になる、古典的な福祉国家の概念把握は、貧困・老齢・障害などにより、何らかの社会的援助を必要とする社会的弱者に対する社会政策だけでなく、広く「豊かな社会」に不可欠な完全雇用・医療・教育・公的年金などの充実を目指し、政府が積極的に諸政策に取り組む国家を指すものとしてとらえることができる。

これに対して第二に、福祉国家の「民主主義」的基盤を強調する福祉国家論も存在する。たとえば、アメリカのモリス・ジャノヴィックは、福祉国家の定義には、市民に対する一定の水準以上の福祉サービスの提供という要素以外のものを含んでいることが不可欠であることを強調する。それは、第一に、福祉諸経費の支出が、議会主義の政治体制のもとで決定されること、つまり権威主義的決定ではなく、国民の政治的要求や合意を反映するものであること、第二に、市民がそれぞれの目標を追求できるという条件を作りだすために、国家組織が経済組織に介入しうるという、政治体制の正統化された目標が存在すること、[5]である。つまりジャノヴィックは、福祉諸経費のイデオロギー的・政治的・道徳的な正統化の根拠を問うことなしに福祉国家を論じることはできないとして、福祉国家のメルクマールを、ＧＤＰや財政支出に占める社会保障費の割合といった量的規定に還元することをせず、福祉国家の「質的」要件として、議会制のもとでの民主的政策決定をあげるのである。こうした福祉国家の民主主義的属性の強調は、今日福祉国家の意義を積極的に解釈しようとする立場に立つ論者に広くみられる。

そして第三に、現在最も広く用いられている福祉国家の定義として、スウェーデンなどの北欧諸国をその代表例として掲げる、ネオ・コーポラティズム型福祉国家像が存在する。[6]これは、福祉国家を、一国規模での包括的政治経済体制の一つとしてとらえ、ケインズ理論に基づく財政・金融政策や、団体協約主義を柱とする社会経済諸団体間の社会コーポラティズムによって支えられるものと考える。そして所得再分配や完全雇用と結びついた持続的経済成長こそが、諸福祉政策の実施を可能にするととらえることから、激しい階級対立を回避し、持続的で安定的な労使関係の樹立をはかるとともに、制度的・非制度的な協調的国民経済体制を、政労使の三者間で作り上げることが目標とされる。そうした安定的な経済社会情勢のなかで経済成長を進め、租税と社会保障拠出金をうまく組み合わせることで、公平かつ効率的な福祉サービスの実施を目指すとする。つまり、何よりも持続的な経済成長を円滑に進めていくための国家体制としての福祉国家像の提示である。

以上福祉国家の定義に関する、三つの立場について簡単に言及したが、それぞれ力点の置き方に違いはあるものの、重要な点において重なり合う部分をもっている。それは「福祉国家」を市場システムの諸力の作用を修正するため、国家権力の関与を是認する国家体制としてとらえる点である。つまり「国家」による「社会」への介入ないし編成をもって福祉国家の最大の特質としている。ただし、右で検討した福祉国家の定義では、国家が介入する領域を「市民的（民事的）領域」にまで拡大せず、「社会的領域」にとどめている点で、福祉国家体制は社会主義体制とは異なると考えられている。そして「歴史的概念としての福祉国家」の定着とは、最低限の生活保障を実施するため、国家介入による資本主義システムを一部制御することに関する、政治的・社会的コンセンサスが成立している国民国家の形成ととらえることができる。(7)

二　福祉国家の発展要因

福祉国家の定義をめぐる諸議論を整理したところで、これまで述べてきたような形で定義される、福祉国家の発展要因に関する研究史の整理を行ってみることにしたい。福祉国家発展の要因をめぐっては、次の三つの主要な方法的立場が存在する。第一に、経済発展と産業構造の高度化にともなう社会保障支出の増大を福祉国家発展の指標とする産業化・近代化説、第二に、福祉国家発展の主要な推進要因を社会民主主義政党や組織的労働運動の影響力といった政治的要因に求める政治的要因説、第三に、福祉国家発展における社会の「規範的」要因や社会的伝統を重視する社会・文化的要因説である。これらを順次検討していくことにしたい。

第一の産業化・近代化説は、さらに大きく二つの立場に分けることができる。その第一は、社会の「機能的分化」(N・ルーマン)という観点から、福祉国家の発展をとらえる機能主義理論である。この立場は、産業化によって生み出された社会変動に対する社会の機能的変動として福祉国家の発展をとらえ、産業化の進展が家族や地域社会の福祉機能の衰退をもたらした結果、福祉国家の確立が要請され、各国の政治・社会構造の相違にかかわらず「普遍的」現象として福祉国家化が進むとする。たとえば、よく知られたウィレンスキー(H.L.Wilensky)の比較福祉国家研究[8]では、福祉国家の発展は、経済成長とそれにともなう人口構造的要因が決定的であり、こうした要因は、経済体制や民主主義か権威主義かといった政治体制の相違を越えて妥当するもので、現代世界では、あらゆる国において福祉国家化への社会構造の「収斂化」現象が生じるとする。

これに対して、同じく近代化・産業化説に立ちながらも、国家独占資本主義体制としての「福祉国家」体制を強調するのがマルクス主義理論である。伝統的なマルクス主義の見解では、福祉国家は資本主義の諸矛盾を隠蔽し、その根本的な変革を阻むためのものとされる。しかし、福祉国家を資本の利害にとって機能的に作用するものととらえる点では機能主義理論と共通するものをもっている。「国家論ルネサンス」[9]が大きな論争点となったネオ・マルクス主義においても、福祉国家は資本主義社会のなかで労働力の再生産を保障し、資本主義体制そのものを維持するための重要な役割を担っていることが説かれる。このマルクス主義の立場からする福祉国家論には、さまざまな理論系譜が存在するが、基本的にネオ・マルクス主義の立場に立ち、福祉国家を資本主義の危機管理の一形態としてとらえているものにオッフェの福祉国家論がある。[10]オッフェは、現代福祉国家がそうした特性をもちながらも、長期的には財政危機や行政管理の危機に直面せざるをえないとする。それは、第一に、労働力の商品化を有効に機能させるために必要な福祉システムの拡大が、脱商品的な非市場的形態の拡大をもたらし市場合理性を浸食していくこと、第二に、ケインズ主義的福祉国家体制を支えていた組織化された資本主義の構造が、経済のグローバル化のなかでその有効性を失いつつあるという現代資本主義体制の「脱組織化された資本主義」への変容、である。

つぎに、福祉国家化の主要な推進要因を、社会民主主義政党や組織的労働運動の政治的影響力に求める政治的要因説をみていくことにする。この政治的要因説のうち、最も大きな影響力をもっているのが、福祉国家化の「社会民主主義モデル」といわれるものである。この「社会民主主義モデル」における中心的テーゼは、先進国における福祉国家の発展は、その国の経済的・社会的構造を前提にしながらも、その単なる関数ではなく、福祉国家の拡大に利益をもつ労働者が、労働組合・労働者政党といった諸組織を通じて、その政治的資源を動員し、政治権力をどの程度コントロールし得るかによって左右されるとするものである。(11) その際、福祉国家化の推進度を測定する具体的指標としてあげられるのは、社会民主主義政党の得票率・閣僚占有率・政権維持期間などであり、福祉国家化の度合いを測定するものとしては、GDPや財政支出に占める社会保障費の割合だけではなく、所得再分配の程度や教育機会など「福祉結果」(12)(welfare outcomes) に関する指標が用いられた。

しかし、一九八〇年代以降、福祉国家史の実証的な比較研究が進むにつれて、社会民主主義政党の議席占有率や政権担当期間と福祉国家化との間には、必ずしも明確な因果関係がみいだせないことが指摘されるようになった。そこで現在では、「社会民主主義モデル」の「第二世代」とよばれる一連の研究が現れている。(13) この「第二世代」の政治的要因説は、社会民主主義政党の政権把握力や組織的労働運動の強さのみを説明変数としたのでは福祉国家化の度合いは十分に説明できないとして、それらに加えて、さまざまな要因を取り上げようとする。こうした「第二世代」にはさまざまなバリエーションが存在するが、そのうち代表的なものは、次の三つである。第一に、議会や内閣だけでなく、議会外・社会レベルにおける、労働運動の組織力や権力資源の動員力などを重視する「権力資源アプローチ」[14]があげられる。第二に、政策決定過程における国家官僚の役割や、かれらの意識変革がもたらした役割を重視する、ヒューゴ・ヘクロの議論に代表される「国家中心アプローチ」[15]がある。このアプローチは、福祉国家発展において果たした保守政党やカトリック勢力などの役割にも着目しようとしている点で、「第一世代」の基本テーゼに対する大きな修正とみることができる。[16]第三に、福祉国家の発展とその国の経済的開放性との相関関係を重視する考え方である。このアプローチは、主としてスウェーデンなど北欧諸国における福祉国家化の歩みを検討するなかから生まれたもので、これまでのケインズ主義的な国民経済の枠組みを重視する福祉国家像に代わり、対外関係の影響を視野に入れて福祉国家発展を考察するものとなっている。[17]こうした「社会民主主義モデル」の「第二世代」とよばれる諸議論は、基本的には政治的要因説に立ちながらも、従来の「社会民主主義モデル」が必ずしも当てはまらない福祉国家発展の多様な類型がありうることを示している。

さらに第三番目の議論として、福祉国家発展に関する社会的・文化的要因説を簡単にみておくことにする。この社会的・文化的要因説は、さまざまな社会保障制度の導入効果が、ほぼ同様の経済規模・産業構造をもつ国のあいだでも大きく異なることに対する解答の一つとして生まれたものであり、福祉国家発展における社会の「規範的」要因を重視し、一定の類型化を図ろうとしている。たとえば個人主義的生活様式への強い指向性が、逆にさまざまな社会サービスへの強い指向性を生み出すといった観点を指摘したり、プロテスタント的倫理観と福祉国家発展との相関関係を指摘したりするものである。この社会的・文化的要因説は、第一の産業化・近代化説や第二の政治的要因説に比べると、説明変数として数量的に処理できるものが少ないため、比較研究の実証性に大きな課題を残すが、比較政治文化の観点からもきわめて大きな論点を含んでいるといえる。

これまで三つの議論を概観し、福祉国家発展の諸要因を整理してきたが、そこで注目されることは、機能主義理論に基づく「収斂説」は、福祉国家の多様性を等閑視するものとして政治的要因説によって批判されたものの、その政治的要因説も近年さまざまな批判によってその理論的スタンスを大きく変えつつあり、いずれも再検討を迫られていることである[18]。しかし、いずれにしても福祉国家化は、産業化にともなう「普遍的」な現象で、その形態は必然的に類似するとする従来の福祉国家の普遍主義的解釈は、その説得力を大きく喪失していると考えることができる。そこで問題となってくるのは、福祉国家を比較検討するための認識枠組みとなる福祉国家の類型論である。

三　福祉国家の類型論

これまで検討してきた福祉国家発展に関する諸議論を経て、今日における福祉国家史研究の大きな成果といえるものが、福祉国家発展の多様性に着目するための福祉国家類型論である。

さまざまな福祉国家類型論に対して決定的影響を与え、現在では古典的ともいえる議論が、ティトマス(M.R.Titmas)の社会政策の三類型説[19]である。この社会政策の三類型説は、社会福祉政策をその目標と手段によって、「残余的福祉モデル」「産業的業績主義モデル」「制度的再分配モデル」の三つに区分したものである。第一の「残余的福祉モデル」(the residencial welfare model of social policy)は、個人のニーズの充足は、基本的に家族と市場による調達にゆだねられており、社会福祉制度はそれらが機能不全に陥った場合に一時的に作動するにすぎないとするものである。第二の「産業的業績主義モデル」(the industrial achievement-performance model of social policy)は、個人のニーズの充足が、労働市場における個人の業績や生産性を反映した、社会保険を柱とする各種制度によって充足されるとする。第三の「制度的再分配モデル」(the industrial redistributive model of social policy) は、社会福祉制度を、必要の原則に基づいて、市場の外側で普遍主義的サービスを提供する、社会における主要な統合的制度とみなすものである。

このティトマスの三類型説を基盤にしながら、ジョーンズ (C.Jones) は、福祉政策の指向性の差異に着目して、福祉国家類型化のための「福祉資本主義モデル」を提唱した。[20] ジョーンズは、ティトマスの第一モデルは、社会政策ではあっても「福祉国家」と呼ぶにはあまりに限定的であるとしてこれを除外し、残り二つのモデルを次のように類型化する。ティトマスの第二モデルは、福祉政策に経済政策上の有効性を付与することを承認する点で、職業を基礎とし、競争的社会秩序を維持し、補強するように考案された、社会的供給の「応給」タイプとしてとらえることができ、彼女は、これを「福祉『資本主義』」モデルとする。これに対してティトマスの第三モデルは、社会福祉を、必要の原則に基づいて、市場の外側で普遍主義的サービスを提供する社会内の主要な統合的制度とみなすものであり、「平等主義的、補償的で市民的広がりをもつ社会的供給の形態が、より一層『公正』で、より一層平等な社会を指向する」タイプとしてとらえられ、彼女は、これを「『福祉』資本主義」モデルとする。こうしたジョーンズにおける「福祉『資本主義』」と「『福祉』資本主義」の二類型は、福祉国家の「資本主義」指向性と、「福祉」指向性を判定するにあたって、社会保障支出の対GDP比といった量的比較に必ずしも還元できない質的偏差を、業績に基づく福祉給付か市民権に基づく福祉給付か、また機会の平等か結果の平等か、といった価値的諸指標の組み合わせによって把握しようとする試みである。

ジョーンズは、こうした類型化を基に、五カ国の比較福祉国家論を図1[21]のように提示している。このジョーンズの類型化において、図中の四つの象限に配置されたそれぞれの国を、高支出・平等指向のスウェーデン型、高支

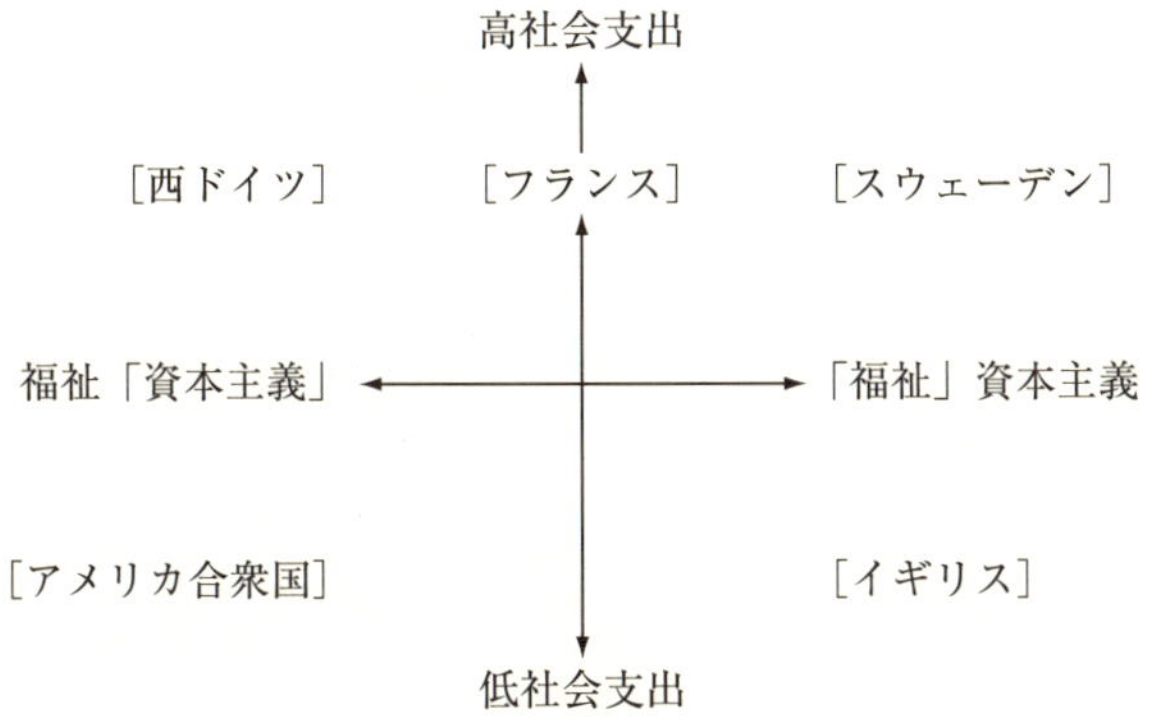

図1

出・業績主義の西ドイツ型、低支出・業績主義のアメリカ型、低支出・平等指向のイギリス型に分類している。但し五カ国のなかで、フランス福祉国家の取扱については、ジョーンズの類型化ではその位置づけがはっきりせず、私的社会保障への傾斜と手厚い家族給付の存在を指摘するのみである。

　こうした古典的な類型論に対して、一九八〇年代以降の新保守主義を掲げた政権の成立以後を視野にいれ、福祉国家再編の方向を示す類型化を行っているのが、ミシュラ（R.Mishra）である。ミシュラは、第二次世界大戦後の福祉国家の歩みを、三つの局面に区分している[22]。第一が、一九七三年以前の時期で、ケインズ主義的福祉国家が西欧諸国で広いコンセンサスを獲得した時期にあたる。第二が、一九七〇年代半ばから一九八〇年にかけての「福祉国家の危機」の時期で、石油危機を契機とする世界同時不況の進行が、ケインズ主義的福祉国家の信頼性と正統性を喪失させた時期にあたる。第三が、一九八〇年代から現在に至る「福祉国家再編」期であり、従来のケインズ主義モデルに代わる新しい政治経済体制のパラダイムが模索されているとする。ミシュラは、従来のケインズ主義モデルとは異なった、こうした新しい方向の模索は二つあり、それがイギリスのサッチャー政権やアメリカのレーガン政権に代表される新保守主義と、スウェーデンやオーストリアに代表される社会的コーポラティズムであると指摘する。このようにミシュラの分析の特徴は、「福祉国家再編」以後を視野に入れた福祉国家の類型論を展開するところにある。

こうした福祉国家の類型論のなかで、従来の福祉国家類型論に対する批判を受けて「脱商品化」という新しい尺度を導入して、福祉国家の比較検討を行い、福祉国家「体制（レジーム）」論を提示しているのが、エスピング・アンデルセンである。(23) この「脱商品化」という概念は、オッフェが、ケインズ主義的福祉国家のなかに構造化された諸矛盾の一つとして概念化したものであるが、(24) エスピング・アンデルセンは、これを「市場での業績にかかわりなく、個人や家族が社会的に受容された通常の生活水準を享受できる」(25) 状態と定義している。つまりこの「脱商品化」とは、個人が労働市場に代表される資本主義的商品市場での評価とは関係なく、権利として、社会的に受容されている生活水準を享受すること、と規定されるのである。

エスピング・アンデルセンは、この「脱商品化」を指標として、比較福祉国家の研究を行い、(1)自由主義レジーム、(2)コーポラティズム・保守主義レジーム、(3)社会民主主義レジームという三つの福祉国家レジームを提示している。第一の自由主義レジームは、脱商品化の進行があまりみられず、社会的扶助や各種社会サービスの享受に関して、かなり強いスティグマをともなう制度を維持するレジームをさす。このレジームの典型例はアメリカ合衆国にみられるとしている。これに対して、第二のコーポラティズム・保守主義レジームは、脱商品化の進行が中度であり、各種社会サービスの給付が個人の労働市場における業績や地位、具体的には社会保険の拠出金などの多寡に応じてなされるもので、ドイツ・フランスなどヨーロッパ大陸諸国が該当するとしている（ちなみに日本は、この類型論では第一と第二の中間に位置づけることが妥当であろうが、この問題については、本書ではこれ以上言及しない）。第三の社会民主主義レジームは、脱商品化の進行が最も著しいタイプで、各種社会サービスの市民への提供が、市民権の理念に基づき、個人の業績・地位とはかかわりなく普遍主義的に行われるもので、その代表例はスウェーデンなど北欧諸国にみられるとする。

こうしたエスピング・アンデルセンの提示した三つの福祉国家レジームの類型は、社会的市民権の拡大を福祉国家発展の指標とする枠組みと重なるものをもっている[26]。社会民主主義レジームでは、高負担・高支出を前提とした水準の高い社会サービスが、公的機関を担い手として提供され、社会的市民権が諸個人に対して普遍的に保障されている。一方、自由主義レジームは、普遍主義的傾向を促進する社会的市民権拡大の方向ではなく、基本的には自助努力を高めることを主眼とし、アメリカ合衆国におけるアファマティブ・アクションをその典型例とするように、労働市場における平等な雇用機会を保障する方向を目指しており、社会的市民権の拡大にともなうコストを私的セクターに転嫁する傾向も強い。またコーポラティズム・保守主義レジームでは、給付水準の所得比例を原則とする社会保険制度が福祉国家システムの中心を形成しており、社会的市民権はかつての労働市場における当該個人の業績や地位を大きく反映する形で付与されている[27]。

以上、福祉国家の類型をめぐる諸議論を概観した。現在の福祉国家研究では、上記のエスピング・アンデルセンの類型論に対するさまざまな批判を一つの契機として、従来の類型論を乗り越えるさまざまな議論の展開がみられるが、ここではこれ以上立ち入ることは避けたい。本節で概観した福祉国家の定義やその発展に関する議論をふまえて、これから考えていきたいのが、フランス「福祉国家」の歴史的展開過程を把握するための分析視覚をどこにみいだすかの問題である。

(1) A.Briggs, The welfare state in historical perspective, Archives of European Sociology, vol.2, 1961.

(2) Ibid., p.228.

(3) D.Wedderburn, Facts and Theories of the Welfare State, in R.Miliband and J.Saville, (eds.), The Socialist Register, New York, Monthly Review Press, 1965, p.128.

(4) 社会政策を議論する際につねに問題となるのは、国民の「基本的ニーズ」とは何かである。この問題を考えるうえで、社会福祉に関する「需要」(demand)と「必要」(need)の二つの概念をはっきり区別する必要があるとする指摘がある。武川前掲論文、二六頁以下。

(5) M.Janowitz, Social Control of the Welfare State, New York, Elsevier, 1976. p.3.和田修一訳『福祉国家のジレンマーその政治・経済と社会制御』新曜社、ただし筆者は邦訳を参照することはできなかった。

(6) ネオ・コーポラティズムをめぐる議論に関しては、P.Schmitter and G.Lehmbruch,Trends toward Corporatist Intermediation, Sage, 1979.山口定監訳『現代コーポラティズム』Ⅰ・Ⅱ、木鐸社、一九八四年、がもっとも代表的なものとしてあげられる。

(7) 田端博邦「福祉国家論の現在」東京大学社会科学研究所編『転換期の福祉国家』(上)東京大学出版会、一九八八年、二二頁。

(8) H.L.Wilensky, The Welfare State and Equality: Structural and Ideological Roots of Public Expenditeur, Berkeley, University of California Press, 1975.下平好博訳『福祉国家と平等』木鐸社、一九八四年。この研究は、一九六六年の六十カ国のデータを利用したパス解析分析に基づくもので、福祉国家発展の一般的傾向として、経済成長が六十五歳以上人口比を高め、この老齢人口比の上昇が社会保障制度の創設を導き、一旦創設された社会保障制度はその官僚制的統制が強いほど不可逆的に肥大化していくという結論を導いた。なお日本においても、社会学者の富永健一氏が国民一人当たりの社会保障費などを指標に二十七カ国の一九七〇年に関するデータのパス・モデル分析を行って、産業化の進展は福祉国家の形成を普遍的にもたらしていることを示している。富永健一『日本産業社会の転換』東京大学出版会、一九八八年。

（9）資本主義国家の階級的役割をめぐる「道具主義」と「構造主義」の対立が浮き彫りにされた、ミリバンドとプーランツァスの論争においても、「国家」は資本家階級に対して相対的な自立性をもっていることが強調されている。

（10）C.Offe, op.cit., pp.263-265.

（11）最も代表的な論者であるシャリフの説から引用した。M.Shalev, The Social Democratic Model and Beyond; Two Generation of Comparative Research on the Welfare State, Comparative Social Reseach, Vol.6, 1983, pp.315-351.なおこの部分に関しては、福祉国家の「社会民主主義モデル」のフローチャートとして翻訳されたものが、石田徹「福祉国家と社会主義――「社会民主主義モデル」をめぐって――」日本政治学会『年報政治学、一九八八年』一八三頁に整理されている。

（12）この「福祉結果」の概念は、福祉国家化の被説明変数として概念化されたものであり、同じようなものとして、福祉国家化の度合いを政府の積極的な施策の程度によって図る「福祉努力」（具体的には財政に占める社会保障支出）などもある。H.Uusitalo, Comparative Research on the Determinants of the Welfare State, the State of the Art, European Journal of Political Research, Vol.12, 1984, pp.406-409.

（13）「社会民主主義モデル」の「第二世代」に関する政治学者からの考察としては、石田前掲論文、一八四頁以下を参照。

（14）代表的なものとして、後述するエスピング・アンデルセンの所論や社会学者コルピィの議論がある。W.Corpi, Power resource approach. Action and conflict: On causal and international explanation in the study of power, Sociological Theory, Vol.54, 1985.

（15）ヘクロは、イギリスとスウェーデンにおける社会政策を比較し、政党や圧力団体とならんで、政策形成過程における行政官僚の「学習効果」が実際の政策推進において決定的に重要であったことを論じている。H.Heclo, Modern Social politics in Britain and Sweden: from Relie to Income Maintenance, New Heaven and London, Yale University Press, 1974, pp.284-322.

(16) ここでいう保守政党の役割とは、福祉国家化の進展を阻害する否定側面ではなく、むしろ保守政党が政権についていた期間に、労働者政党の要求を先取りする形でさまざまな社会立法に取り組んできたことをさす。こうした保守政党の役割をどの程度のものと測定するかは難しいが、いずれにしても労働者政党の政治的影響力は、単に議席占有率ではかれるものではなく、政党システム全体の構図のなかで総体的に考えるほかないであろう。

(17) この議論では、国民経済が対外貿易に依存する構造のなかで、国家が経済への介入を強めることから、国民経済に占める公的セクターの割合が増大することに着目している。

(18) 政治的要因説に対する大きな批判の一つとして、その「社会民主主義モデル」が該当するのは、もともと甚だしい経済格差の存在しないヨーロッパを中心とする先進資本主義国の比較分析に限定される点がある。

(19) M.R.Titmas, Social Policy, An introduction, Allen and Unwin.三友雅夫監訳『社会福祉政策』恒星社厚生閣、一九八一年。

(20) Catherine Jones, Patterns of Social Policy, An Introduction to Comparative Analysis, London and New York, Tavistock, 1985.

(21) Ibid., p.82.

(22) Ramesh Mishra, The Welfare State in Capitalist Society, Policies of Retrenchment and Maintenance in Europe, North America and Australia, Harvest Wheatsheaf, 1990.丸谷冷史他訳『福祉国家と資本主義――福祉国家再生への視点――』晃洋書房、一九九五年。

(23) Gsta Esping-Andersen, The Three Worlds of Welfare Capitalism, Cambridge, Polity Press, 1990.岡沢憲芙・宮本太郎監訳『福祉資本主義の三つの世界』ミネルヴァ書房、二〇〇一年。

(24) Claus Offe, Anthology of the Works, 1987.寿福真美訳『後期資本制社会システム――資本制的民主制の諸制度――』法政大学出版局、一九八八年、二七五頁以下、および Offe op.cit., pp.263-265.

(25) G.Esping-Andersen, op.cit., p.86.

(26) 社会的市民権、とくに市民権による社会権の包摂をめぐる古典的な研究として、マーシャルの市民権論がある。T.H.Marshall and Tom Bottomore, Citizenship and Social Class, 1992.岩崎信彦・中村健吾訳『シティズンシップと社会的市民権』法律文化社、一九九三年。

(27) 伊藤前掲書、五八頁。

第二節　フランス福祉国家史論

本節では、フランスにおける社会保障システムの基本構造を概観し、それがこれまで検討してきた、福祉国家史研究における福祉国家化の諸要因をめぐる議論や、福祉国家類型論によって、どの程度説明し得るものであるかを考察することにする。そのうえで、フランス福祉国家の最大の特徴が、従来の福祉国家史研究の枠内では必ずしも十分に説明できない非「国家主義」的特質にあることを示し、第2章以後で展開するフランス福祉国家の形成過程を解明する鍵が、この非「国家主義」的特質と、それを支える政治的・社会的諸原理であることを示すことにしたい。

一　現代フランス社会保障システム

現行のフランス法制度において、社会保障に直接関連する法律（code）は三つある。すなわち社会保障法典（Code de la sécurité sociale）、農業法典（Code rural）、相互扶助組合法典（Code de la mutalité）である（なお、第5章で詳述するように、現在では、社会保障に対する財政支出の増大にともなって、一九九六年二月の憲法改正によって、社会保障拠出法（Loi de financement de la sécurité sociale）が制定され、この法律案も予算法律と類似する議決手続きに服させることになった）。このうち農業法典と相互扶助組合法典は、後述する特別制度に関係するもので、そのあり方がつねに政治的争点となる意味において決して軽視できるものではないが、フランス社会保障制度の根幹をなしているのは、やはり社会保障法典である。(1) 当初労働法の一部を形成していた社会保障法は、第二次世界大戦後、社会保障制度が急速に「一般化」し、労働者以外にもその対象範囲を拡大した結果、一九五五年五月のデクレによる授権を受け、翌一九五六年一二月のデクレにより、「社会保障法典」として整理された。(2) ただし、もともと労働者保護を目指す労働法の一部を形成していたフランス社会保障法は、その法源として、私法的側面を現在にいたるまで有しており、これも後述するように、社会保障運営機関の法的位置づけについて、非行政機関としての性格が付与されている場面が存在するなど、他の国とは異なる側面をもっている。

社会保障法典では、社会保障組織（organisation de la Sécurité Sociale）として、「一般制度」「農業制度」「被用者以外の労働者の老齢年金制度」「農業以外かつ被用者でない労働者の疾病・出産保険制度」「海外在住者のための制度」「その他の機関または業務部門」の七つの個別的制度を列挙している。これらについて、煩雑を避けるため簡潔に区分すれば、一般制度（régime général）、農業制度（régime agricole）、特別な労働者向けの制度（régime spéciaux pour certaines catégories de salariés et certains risques）、独立自営業者の制度（régime autonome）の四つに分けることができる。(3)

ただしここで注目しなければならないのが、上記の社会保障制度の枠組みのなかに「失業保険」（assurance chômage）と「社会扶助」（l'aide sociale）に関する組織が、基本的に含まれていない点である。このうち、「社会福祉」制度と密接なつながりをもつ「社会扶助」が社会保障の枠組みから除外されてきたことは、フランス社会保障制度が、所得保障を中心とする広義の「社会保険」と家族給付によって基本的に構成されていることを示している。

こうした特徴は、のちに検討していくフランス社会保障制度における「共済組合原則」の伝統を反映するものである。

こうした特徴をもつフランス社会保障に関して、近年では社会保障の国際基準を比較衡量するうえでの必要性から、所得保障や医療保障、社会福祉などを含めた、ＩＬＯやＥＵなどにおける国際的基準との整合性をもった「社会保障」に相当するものを示す概念として、「社会保護」(protection sociale) という概念も登場しているが、後述するように、「福祉国家」(Etat-providence) という概念も含めて、フランスでは社会保障に関する概念が政治社会に定着したのが遅く、一部には依然として混乱がみられる。(4) また、フランスにおける失業保険制度は、いわゆる社会保障制度ではなく、労使間の団体協約として位置づけられ、したがって法的には完全な自治組織として運営されてきた。このように失業保険が「社会保障」システム (sécurité sociale) のなかに含まれてこなかったのは、イギリスを中心とする「福祉国家」の一般的な制度枠組みからの大きな偏差であって、フランス社会保障システムの最大の特徴をなしている。(5)

社会保障制度の中心をなす「一般制度」は、大別すると三つの分野から成り立っている。第一の社会保険給付は、疾病、出産、老齢、障害、死亡などに対して、保険料の拠出を基本的条件として各種金庫から給付を行うものである。第二の労災・職業病補償は、第3章で詳述するように、フランス社会保険制度のうち最も早く整備されたもので、「職業危険」(6) の概念をもとに、労働者からの保険料拠出なしに罹災労働者に対して給付を行う。第三の家族給付は、フランス社会保障制度の最大の特徴としてよく言及されるものであり、もともと企業主による労働者に対する恩恵的制度として発足し、現在では社会政策であるだけでなく、総合的な人口政策の一環としての性格もあわせもつものとして運営されている。

こうした一般制度に対して、その重要性において決して無視できない部分を形成しているのが、農業制度・自営業者向け制度・特別な労働者のための制度からなる「特別制度」である。特別制度のうちも早く整備されたものは農業制度であった。フランスの社会・経済における農業部門の相対的重要性を反映して、農業労働者に対する各種社会保険は、商工業労働者を対象とするものとほぼ同時期に整備された。ただし、第4章で述べるように、戦後の社会保障改革のなかでも共済組合原則の伝統が貫かれたため、農業部門は一般制度とは異なり農業共済組合金庫(Caisses de mutalité sociale agricole)によって運営されている。またこの農業部門は相対的に脆弱な財政基盤を反映して、国庫からの補助を最も多く受ける部門でもある。もう一つの特別制度である「自営業者向けの制度」は、後述するように、戦後の社会保障改革のなかで、一般制度に統合されることを拒否した非農業非被用者(いわゆる non-non)を対象とするもので、当初は老齢年金の自治制度を、ついで独自の医療保険制度をもつことで完成した。(7)

こうした一般制度と特別制度が並立し、きわめて複雑な構造をもつフランス社会保障制度は、制度の管理・運営についてもあまり他国にはみられない特徴をもっている。それは、各種社会保障制度が法律に基づく公的制度ではあるものの、基本的に国家の介入を伴わない被用者と使用者による当事者管理主義によって運営されてきた点である。一般制度に関していえば、県・地域・全国の三段階に分かれた医療保険・老齢年金・家族手当の三つの金庫がそれぞれ運営の主体となるが、(8)これらの金庫は全国金庫および資金運用に当たる社会保障機関中央機構を除き私法人であり、それらの運営は、労働組合、経営者団体などから選出される理事によって構成される金庫理事会によって行われてきた。(9)政府の権限は、こうした金庫の運営に対して、財政面などを中心として間接的な「監督」(tutelle)権を有するとともに、(10)給付水準や保険料拠出などに関する一定の基準を定めることに限られていた。つまりフランスの社会保障制度は、社会保険を中心に労使間の自律的制度として発展してきた歴史を、その制度原理に現在でも根強く残しているものといえる。

こうしたフランス社会保障制度の当事者管理主義は、財源に関しても当事者主義の原則を維持し、保険料と拠出金をその主たるものとしている。とくに被用者を対象とする一般制度においては、租税からの財源はかつてはほんど活用されておらず、労使の拠出からなる保険料・拠出金が収入のほとんどを占めていた。社会保障（ここでは国際的基準の範疇を指す）に占める財政支出の割合は、ヨーロッパ連合加盟国のなかで最も低い水準にあり、逆に使用者と被用者の負担割合は最も高い水準にある。[11] また公務員などの特別制度も自主財源の割合がきわめて高い。しかし、財政基盤の弱い自営業者の制度と農業制度は、保険料収入の割合は低く、国庫補助、目的税、[12] 他制度からの移転によって赤字分を補填している。

このような財源の当事者主義の原則と、保険料負担・保険給付の公平化をめぐって、つねに議論の的となっているのが、「制度間移転」の問題である。社会保障制度の「一般化」によって、被用者以外にも各種社会保険の対象が拡大していくなかで、基本的に脆弱な財政基盤しかもたない自営業者の制度などが、「一般化」の原則と保険給付の公平化を求めて給付水準の引き上げを求めれば、当然保険拠出金以外の財源を確保しなければならない。しかし、財源の当事者主義の原則に立ってきたフランスでは、一部の目的税を除いては、租税負担による制度維持はこれまで否定されてきたため、国庫補助を増加させないためには、比較的潤沢な財政を維持している一般制度から特殊制度への資金の移転が考えられることになる。[13] しかし、この制度間財政調整は「財政連帯」の名を借りながら、当初一般制度への統合を拒否した自営業者たちが、人口要因を理由にいわば一般制度にただ乗りを図ろうとするものだとする批判が絶えず、社会保障制度改革をめぐる最大の争点の一つとなってきた。

これまで検討してきたような、当事者管理主義をとり、租税を主要な財源とせず、保険料拠出を主体とするフランス社会保障制度の特質は、社会保障システムの非「国家主義」的特徴として把握することができる。この非「国家主義」的特徴は、つぎのように整理することができる。第一に、制度の管理運営機構が、国家行政組織に一元化されていないこと、第二に、社会保障財源に占める租税の割合がきわめて低く労使からの保険拠出金が財源の大部分を占めてきたこと、第三に、社会保障制度の運営が、金庫理事会など独自の基盤をもった、政府・議会とは別の機関・機構によって決定されてきたこと、などである。

こうしたフランス福祉国家の非「国家主義」的特質は、これまで第一節で検討してきた福祉国家発展に関する諸理論とどのような関連性をもつものであろうか。福祉国家形成の要因をめぐり最初に検討した福祉国家発展の産業化・近代化説は、福祉国家発展の人口的要因・産業構造的要因を強調するが、フランス福祉国家の非「国家主義」的特質は、制度の複雑性、制度運営の多元性などからもわかるように、現代の高度産業社会における組織原理として必ずしも効率的とはいえない部分を多く含んでいる。また社会の機能的分化に伴う国家機能の拡大に関しても、フランス社会保障制度における国家の役割はきわめて限定的なものにとどまっており、国家肥大だけを取り上げて福祉国家の発展を論ずることには難がある。さらにまた、福祉国家発展の要因に関する第三の説として取り上げた社会・文化的要因説でも、旧体制以来大革命によっても変化しなかった、中央集権的政治・行政構造のなかで、どうして社会保障システムだけが、強力な国家権力から相対的に自立した管理・運営機構を維持し得たのかを解明することは難しいと思われる。

これに対して、福祉国家発展の要因に関する第二の政治的要因説は、社会保障組織の「民主的」運営などを強調してきた、フランス福祉国家の非「国家主義」的特質を解明する鍵を握るものを含んでいると考えることができる。しかし、ここで問題となるのは、従来の政治的要因説の中心をなしていた福祉国家発展の「社会民主主義モデル」

が、はたしてフランス福祉国家史においてどの程度有効な理論モデルとなり得るのか、もし「社会民主主義モデル」がフランス福祉国家についてはあてはまらないとしたら、それに代わるどのような理論枠組みが必要であるかを示すことである。

二 フランス福祉国家史論の課題

現行フランス社会保障システムの概観によって明らかとなった、フランス福祉国家の非「国家主義」的特質は、第一節で検討した、福祉国家類型論のなかでどのような位置づけをもつものであろうか。すでに検討したジョーンズの福祉国家類型論のなかで、五カ国を対象とする比較福祉国家分析において、フランス福祉国家の位置づけだけが曖昧であったように、フランス福祉国家の特質は、従来の福祉国家類型論によっては十分に捕捉できないものを多く含んでいると考えることができる。それはまた、フランス福祉国家を現代資本主義システムの構造的規定要因をなす一つの「政治体制」として把握することができるかどうかという問題にもかかわっている。したがって、従来の「福祉国家」の定義にみられる、市場の作用の諸力を緩和するため、「国家」が「社会」に介入し再編をはかることで国民統合を進めていこうとする「政治体制」としての福祉国家の位置づけに関しても、そもそもフランスにおいて「福祉国家」が、一つの「体制」(régime) としてとらえられてきたかどうかをまず考察することが必要となってくるであろう。

すでに述べたように、フランスにおいて「福祉国家」を指すEtat-providenceの概念が定着したのは、西欧先進諸国において最も遅く、一九六〇年代になってからのことである。しかもEtat-providenceのあり方が問題となるのは、つねに経済運営をめぐって「国営化」（Etatisation）か「民営化」（privatisation）かという選択肢にかかわる議論のなかにおいてであったといえる。[14] つまりフランスにおいて「福祉国家」概念は、経済活動への国家の介入の度合いを指し示す一つの指標として用いられてきたといえる。したがって、フランスにおいて「福祉国家」は、現代国民国家の構造的特質を示す一つの属性としては把握されていたものの、一つの「体制」（régime）として確立したものであるという意識はもともと希薄であったと考えることができる。むしろフランスにおいては、「一般制度」「特別制度」「補足制度」（補足福祉制度や社会扶助・失業保障などはここに含まれる）など、法制上の諸制度（régime）の束として、「社会保障システム」（les systémes de protection sociale）をとらえることにとどまり、それらを「福祉国家」の中核をなすものと自覚的にとらえる傾向はほとんどなかったというべきであろう。

山口定氏は「政治体制」を構成する要素として、次の五つをあげている。(1)体制を支える正当性原理、(2)政治エリート、(3)選挙制度・政党制・利益団体の配置と構図といった国民の政治的意思の表出と形式、(4)物理的強制力、(5)「国家」による「社会」編成化の仕組み、である。[15] この山口氏の提示した五つの構成要素のなかで、フランス福祉国家体制をめぐる議論でとくに重要なのは、最後の『国家』による『社会』編成化の仕組み」にかかわる部分である。山口氏はさらに、「国家」による基底社会への多面的な介入を、その内容に則して、(1)政治的秩序の創設と維持にかかわる「政治的介入」、(2)市場創出、信用の創造と資金調達、経済秩序の管理などにかかわる「経済的介入」、(3)社会政策、教育政策などにかかわる「社会的介入」の三つに分類し、福祉国家「体制」の定義として、「社会政策が政府支出のなかできわめて大きな構成要素となり、それを通じての政治的な統合機能がその政治体制の安定要因として中枢的な位置を占めるまでになっていること」をあげている。[16]

フランスにおける福祉国家の形成を、こうした「政治体制」論をふまえた福祉国家体制の位置づけにてらして考察すると、これまで検討してきた現行フランス社会保障システムのもつ諸特徴からもわかるように、フランス福祉国家は、「国家」による「社会」の編成化が進行し、社会保障費が財政において決定的に大きな割合を占めているという意味における福祉国家「体制」の定義には収まりきれない、独自の存立基盤を有していることが考えられる。従来の福祉国家類型論や福祉国家史研究では、福祉国家の本質的要素をなす社会保障政策を、労働者に対する社会政策に起因する国家的制度としてはじめから位置づけ、そのうえで、そうした政策のもつ性格や公的サービスと市場機構とのかかわりなどを議論しようとしている。しかし、フランスにおける福祉国家の形成過程には、これから述べるように、こうした議論の枠内に入りきれない重要な要素が二つあると考えることができる。

その第一は、フランスにおいて社会保障制度が、その当初から労働者を対象とする社会政策の範疇を超えた、フランスにおける共和政原理にかかわる問題として議論されてきたことである。この点は、フランスがさまざまな制度の導入にあたって、そのモデルとしたイギリスやドイツにおける社会保障制度の位置づけと比較してみるとき、きわめてはっきりしたものとなる。世界で最も早く労働者を対象とする社会保険制度を作ったドイツにおいては、急速な工業化によって増大した労働者階級を社会主義勢力から引き離し、国家に統合するための手段として社会保障制度が位置づけられていた。またイギリスにおいては、厳しい階級対立と社会問題の多発という状況のなかで、従来の救貧政策の不合理性・非効率性が指摘され、これに代わるものとして国家経営上の効率性から、第一次世界大戦前後にさまざまな社会立法が推進されていった。しかし、フランスにおいては、こうした社会政策としての観点以外に、社会保障制度にかかわるさまざまな政策が、大革命時のスローガンの一つである「友愛」（fraternité）の実現を志向するものとして、つねに理念的に追求されてきた点に注目する必要がある。したがって、のちほど考察していくように、フランスにおける社会保障制度の形成をめぐっては、必ずしも制度の技術的優越性だけではなく、制度を支える理念にかかわる問題がしばしば大きな論争点として浮かび上がってくる。

第二に、フランスにおける社会保障システムの当事者運営・管理の原則は、社会保障制度というきわめて国家的な制度を非「国家主義」的に運営しようとする根本的問題を抱えた原則であるため、これを実現するためには、国家―社会関係の再定義を含む国家的規模での社会統合のあり方に関する新しい見取り図を作成する必要があった。そうした国家―社会関係の再定義は、従来の福祉国家史の枠組みにおける、国家による社会の「国家化」[17]の過程としてとらえられてきたのではなく、逆に社会による国家の「社会化」[18]の展開として考えられてきたと指摘することができる。この点については、のちほど第4章において詳しく検討していくが、社会保障制度の管理・運営を国家行政の専権事項とせず、むしろ労働者・使用者代表など当事者自身が自律的に携わっていくべき仕事とする基本的な考えは、フランスにおける福祉国家形成において、イデオロギー的立場の違いを超えた「国民的合意」として、現在に到るまで一貫して主張されてきたと指摘することができる。

こうした従来の福祉国家類型論などの枠組みに入りきれない、フランス福祉国家の発展過程を跡づけるためには、従来の福祉国家史の枠組みとは異なった福祉国家発展の要因を措定する必要がある。そのためにはこれまでみてきたように、従来の政治経済学的手法では解明できない、福祉国家形成の政治的・社会的要因に対する考察が必要となってくる。ただし、この政治的・社会的要因として、従来の福祉国家史研究における「社会民主主義モデル」を想定することは、以下のような理由から、フランスにおける福祉国家形成過程の説明仮説としては不適切であると考えることができる。第一に、フランス政治社会における政治的イデオロギーとしての「社会民主主義」の脆弱性および、左翼勢力に占める共産党の相対的優位性である。第二に、社会民主主義ないし労働者政党の背後にあって福祉国家政策の強力な推進力となるべき労働組合勢力の激しい分裂状況である。第三に、社会保障費の国家財政支出に対する低い割合からくる、社会保障政策の「経済政策」としての相対的な位置づけの低さである。こうした状況を考慮すると、ここでいう政治的・社会的要因とは、従来の福祉国家史における「社会民主主義モデル」が妥当するような要因ではなく、フランス政治社会の特性に根ざしたものと考えなければならない。

そのようなフランス政治社会の特性に根ざした、福祉国家発展に関する政治的・社会的要因とは何か。この問いに答えることが、本研究の中心的課題であるが、そのためにはつぎのような手続きをとることが必要となってくるであろう。第一に、フランスにおける「福祉国家」形成をめぐるイデオロギー的転換状況を、社会保障制度の揺籃期に遡って考察することである。イギリスにおける福祉国家形成は、十九世紀末における「貧困観」の転換と、それを受けての「社会的自由主義」の伸長によってその思想的基盤を確立することになるが、[19]フランスにおける福祉国家論の形成は、はたしてイギリスにおけるような「社会問題」との対決のなかで生じた、自由主義の転換過程として把握することができるのであろうか、それとも大革命以来の共和政国家フランスの存立基盤にかかわる原理から演繹されるものなのかといった疑問である。

第二に、もしフランスにおける福祉国家発展過程が、従来の「社会民主主義モデル」によっては十分に解明し得ないとしたとき、フランスにおける社会保障制度発展の主要な推進力をどこに求めるかという課題である。この問いに答えるためには、フランスにおける社会保障制度の原型が形成された第三共和政期の政治社会情勢をまず考察し、ついで社会保障制度の大幅な改変が企てられた第二次世界大戦直後の各政治勢力や労働組合・使用者団体・共済組合等の動向に対する考察が必要であろう。つまりフランス福祉国家における非「国家主義」的特性を解明し、福祉国家形成の要因を確定するためには、すくなくとも第三共和政期にまで遡る、さまざまな角度からのフランス福祉国家史の新たな構築が必要になるということである。

(1) フランスでは、もともと労働法典が社会保障法典を包含する形で法典化される予定であったため、第二次世界大戦前には労災補償に関する法規など、法典への編入がなされていないものも存在した。

(2) 現在では法典の構成に関するフランス法体系の大改正を受けて、一九八五年一二月のデクレに基づく新社会保障法典に取って代わられている。

(3) Jean-Jacques Dupeyroux et Xavier Prétot, Sécurité sociale, 9e édition, Paris, Dalloz, 1996, p.28.

(4) したがって、本書においても、国際的「社会保障」の基準に相当するprotection socialeに対してあえて「社会保護」ではなく、「社会保障」の訳語を当てている場合がある。

(5) フランスの失業保険制度には、失業保険のほかに、公的扶助の性格を有する失業扶助制度や特別な補足給付制度も存在している。なお失業給付に関連して、フランスで大きな議論を呼んでいるのは、失業給付と老齢年金の中間に位置し、高齢者の雇用対策と関係する「連帯契約による早期退職年金制度」である。この点については、第5章で取り上げる。

(6)「職業危険」の概念については、第3章で詳述する。

(7) 一九六六年に制定された法律 (Loi du 12 juillet 1966) に基づき、一九七〇年から本格的に実施された。

(8) 第4章で検討するように、一九六七～六八年改革までは県・地域・全国のそれぞれに対応する社会保険金庫が、社会保険のすべての運営にあたる「単一金庫」主義が採られていた。しかし、家族手当のみは以前から独立した制度で運営されていた。

(9) これも第4章で詳しく検討するように、一九六七～六八年改革までは、この金庫理事の選出に関して被用者代表の優位が保障された制度が採られていた。これは社会保障制度の「民主的」運営をめぐる問題として、今日でも大きな論争点となっている。

(10) 第5章で検討するように、一九九六年の憲法改正によって、社会保険拠出は「法律事項」となり、一般の予算と同様に議会による議決手続きに服することになった。

（11）Jean-Jacques Dupeyroux, op.cit., p.43.（Tableau 10, Structure des recettes de la protection sociale, année 1992）

（12）目的税のうち最も大きな割合を占めていたのは、主として商工業者の医療保険制度維持を目的として、一九七〇年に創設された社会福祉事業税（Contribution Sociale de Solidarité des Sociétés）であったが、近年では、第5章で詳述するように、一九九一年に導入された「一般社会拠出金」や一九九六年に導入された「社会負債返済拠出金」など、多くの目的税的租税財源が社会保障制度のなかに設けられている。

（13）一般制度を支えている各種金庫の理事たちは、各種金庫の「赤字」を理由とする政府の給付水準の引き下げや拠出金増額に関わる提案は、制度間移転にともなう「作られた赤字」を根拠にしたものであると反発している。

（14）Pierre Rosanvallon, La crise de l'Etat-providence, Paris, Seuil, nouvelle édition 1992. p.109.

（15）山口定『現代政治学叢書3　政治体制』東京大学出版会、一九八九年。

（16）同上、一五〇頁。

（17）ここで述べている「国家化」（Etatisation）の概念は、フランスの政治社会学者ビルンボーム（P.Birnbaum）とバディ（B.Badie）の提示しているものである。P.Birnbaum et B.Badie, Sociologie de l'Etat,Paris, Grasset, nouvelle édition, 1982. 小山勉訳『国家の歴史社会学』日本経済評論社、一九九〇年。このなかでビルンボームらが提示している「国家化」の概念は、「分化」（différenciation）や「自立化」とほぼ同義であり、伝統的な社会関係の網の目から逃れて、国家独自の空間が誕生し、その範囲が次第に社会空間の隅々にまで及んでいくことを指している。

（18）ここで述べている国家の「社会化」は、筆者が概念化したもので、国家がその基盤である社会体から浮き上がって専制的な力をもつことを防ぐとともに、国家と市民社会の間に成り立つ「社会的領域」の拡大によって、国民統合を維持しながら権威の多元的な構造を作りだし、社会の共同態的特性を発展させていこうとするものである。

（19）この点に関しては、毛利前掲書、とくに第2章を参照。

第2章

フランスにおける「社会問題」と連帯主義

はじめに

フランスにおける「福祉国家」の形成過程を考察する際に、社会保険など各種社会保障の制度的起源を辿ることとならんで重要なことに、フランスにおいていわゆる「社会問題」がいかなる文脈で議論され、それが政治体制の正統性原理とのかかわりにおいてどのように対処すべき問題と捉えられていたかの問題がある。

世界に先駆けてビスマルク治世下のドイツで本格的に導入された「社会保険」が、いわゆる「社会問題」を帝政国家が各種の対策を先取りする形で解決させ、革命的労働運動から組合運動を引き離すことを意図した社会政策の一環であったことはいうまでもない。これに対して、十八世紀末の大革命以来の、相次ぐ革命と政体の変遷に象徴されるように、政治体制の正統性原理が常に揺れ動いていたフランスにおいては、いわゆる「社会問題」を「政治的」に解決することの是非を含めて、社会政策の実施主体と、その政策を及ぼす範囲をどのように確定すべきかの問題は、政治体制そのもののあり方をめぐる根本的議論を惹起させるものであった。なぜなら、中世以来教区を中心に行われてきた救貧活動との接合性や、大革命以後その存立根拠を一度は否定されたギルド的中間集団の再評価など、政教分離や単一不可分の原則を掲げるフランス共和政の基本原理と、必ずしも整合性をもたない可能性をもつ社会政策を、いわゆる「社会問題」解決の方法として採用することは、政策の必要性・有効性をめぐる議論にとどまるものではなかったからである。

本章では、こうした問題について、フランスにおいて産業化にともなう労働者の社会的諸条件が本格的に議論されはじめた、第二帝政期から第三共和政初期に焦点をあてて、以下に述べる、三つの論点を中心に考察してみることにしたい。第一の論点は、いわゆる「社会問題」と共和政の正統性原理との関係である。社会問題を政治的に解決することの是非や、その主体として共和政国家を想定すべきなどかについての当時の議論を整理していく。第二の論点は、第二帝政期に具体的な社会政策としてきわめて顕著な活動を行った鉱山技師出身の社会科学者ル・プレーと、かれとともに広範な活動を展開したル・プレー学派の社会改革案に関する検討である。このル・プレーおよびかれの衣鉢を継ごうとしたル・プレー学派をとりあげて検討するのは、後ほど詳しくふれるように、家族の再建や経営者による労働者に対するパトロナージュを重視するル・プレーらの指向性が、フランスにおける社会政策の性格に大きな刻印を与え、ひいては後に本格的に整備されていく、フランス福祉国家を支える各種社会保障の制度原理に多大な影響を与えたと考えられる点である。第三の論点は、「社会問題」とのかかわりにおいて、第三共和政期に大きな政治運動となる社会連帯主義をめぐる問題である。この「連帯主義」に関する考察は、フランスにおける「福祉国家」論の系譜をたどるうえで絶対に欠かすことができないものである。

本章では、以上の三つの論点を中心として、第二帝政期から第三共和政期にかけての「社会問題」への取り組みをめぐる原理的議論と具体的な政策論争が、フランス福祉国家論の形成に何をもたらすものであったのかについて考察していくことにしたい。

第一節　第二帝政期の「社会問題」と「中間集団」論

一　第二帝政期の共和思想と「社会問題」

フランスにおいて「社会問題」への対応が大きな議論をよびはじめるのは、二月革命後の政治的混乱がルイ・ナポレオンの政権獲得によって一応安定し、その歩みは緩慢とはいえ、フランスが本格的な産業化の歩みを始める第二帝政期であった。この時期は同時に、フランスにおける共和主義思想がさまざまな思想潮流との拮抗をへて、その特質を次第に明確にしていく時期でもあった。

第二帝政期の共和思想における最大の課題は、ボナパルティズムというナポレオン的観念を構成している諸原理と、それが現実にとる政治形態との対抗関係のなかにあった。ボナパルティズムは、その権力の正統性基盤として、次の三つのスローガンを掲げていた。第一に、人民投票と普通選挙制をとることによって、人民主権を掲げた急進的なフランス革命の原理の継承を標榜した「自由と人民主権」、第二に、自由の実現の前提としての「秩序と権威」、具体的には、その制度的保障としての官僚制・軍隊・警察の整備、第三に、積極的な植民地獲得指向に示されるナショナリズムと結びつく、経済的繁栄としての「繁栄と栄光」である。このようにボナパルティズムは、それ自体互いに矛盾する諸原理を掲げながらも、二月革命期に露呈した共和政デモクラシーの欺瞞性に裏切られたと感じた人民からの圧倒的支持を受けて成立し、人民投票制と普通選挙制に支えられる限りにおいては、大革命以来のフランス・デモクラシーの伝統に位置づけうるものであった。(1)

第二帝政期の共和派は、このボナパルティズムとの対抗関係のなかから、いかにして非権威主義的で、世俗的な政治原理を、あくまでもフランス・デモクラシーの伝統に合致する形で打ち出していくかを最大の課題としていた。この課題に答えていくためには、共和主義の基盤を、普通選挙制に象徴される人民主権の原理だけに求めるのでは十分ではなく、二月革命期に一度は提起されながらも、結局その解決への具体的施策が示されることなく、広範な国民に共和政政府への大きな失望を抱かせるだけに終わった「社会問題」への取り組みを再度提起することで、共和主義の基盤を新しい「社会的」正義・権威の構造のなかに見いだすことが必要であった。

しかし、十九世紀後半のフランスにおけるイデオロギー対立の渦中において、共和派の占めた位置はきわめて微妙なものであった。つまり、共和派の右側と左側に、それぞれイデオロギー的に激しく対抗しあう勢力が存在し、そのなかで共和派は、自己の思想的アイデンティティを喪失しかねない状況下にあったからである。さらに一八七五年の第三共和政憲法の制定以後は、すでに現存する「共和政」という政治体制を念頭に置きながら、そこで展開されるさまざまな改革を含めて、共和政の理論的支柱を提示しようとする体制擁護論的な共和主義論も登場してくる。したがって、共和派と総称される思想系譜のなかでも、第二帝政期以来、フランスにおける共和派の中心に位置すると考えていた諸勢力にとって、たんなる政体論の範囲にとどまらない真の「共和派」のメルクマールが何であるかは深刻な問題であった。そうした問題のなか、とりわけ大きな意味を持ってくるようになったのが、さきに述べた「社会問題」への対応に象徴されるように、ボナパルティズムを下部から支える社会的秩序や権威の構造に代わる「社会的」正義の観念の構築であり、それは「国家」と「社会」の相互関係、あるいは「社会的なもの」をどのように定義して、政治社会のなかに位置づけるかにかかわる問題であった。

十九世紀後半のフランスにおいて、共和派の右側には、大別して二つのイデオロギー的勢力が存在した。第一に、家族や伝統的近隣共同体のもつ規範的統合原理を重視するカトリック共和派であり、第二に、個人の自由なイニシアティブに基づく行為の領域を重視する経済的自由主義派である。この二つの思想勢力は、共同体主義と個人主義という指向性に違いはみられるが、ともに国家による「社会問題」への介入については否定的であるという点では共同歩調を取っていた。つまり、この共和派の右側に位置するイデオロギー勢力は、「国家」と「社会」をはっきりと分離し、「社会問題」の政治的な解決にはきわめて懐疑的であった。

これに対して、共和派の左側には、第一に、ゲード派に代表される階級闘争の理論に基づくマルクス主義が存在し、第二に、労働者の自発的な「連合」(association)を通して、新しい社会の建設を目指すプルードン派などが存在した。この二つの勢力は、前者がインターナショナリズムに基づく国際的運動を目指していたのに対し、後者が国民的な水準にとどまるものであったこと、さらに前者が史的唯物論に基づく「科学的」理論を標榜したのに対し、後者における多分にユートピア的観念と古典的「契約」論への固執など、多くの点で対立関係に立っていた。しかし、この両者は、ブルジョア国家の支配に対する闘争の必要性においては共通していた。さらにこの二つの思想系譜は、ともに抑圧的「国家」の廃絶を最終的な目標に置くこと、つまり「社会」による「国家」の包摂を目指す点に共通の特徴をもっていた。

以上のような、左右に対立するイデオロギーとの対抗関係のなかで、共和派が自己のイデオロギー的アイデンティティを確保し、さらにフランス・デモクラシーの伝統を継承することを標榜するボナパルティズムに対抗していくためには、「国家」と「社会」を完全に分離するのではなく、また社会が完全に国家を取り込んでしまうのでもない、「国家」と「社会」の新しい関係性の原理を見いだしていくことが不可欠であった。

ルイ・ブランなどのルソー的共和主義論の系譜や実証主義の系譜など、第三共和政期のさまざまな共和政の前提となるいくつかの思想的潮流のうち、これまで述べてきた、国家と社会の新しい関係性など「社会的なもの」をめぐる議論にかかわる共和主義思想への影響がきわめて大きいのは、新カント派の影響を受けた思想家たちであった。

二　新カント派哲学と「中間集団」論

フランスにおける新カント派哲学の影響を受けた思想家には、第三節で詳述するシャルル・ルヌヴィエ（Charles Renouvier）やジュール・シモン（Jules Simon）、ジュール・バルニ（Jules Barni）、アルフレッド・フイエ（Alfred Fouillée）などがあげられる。ただし、フランスにおける新カント派哲学の影響はかなり一面的であって、新カント派哲学の全貌が十分に理解されたうえで受容されたとは必ずしもいえない部分が多い[2]。たとえば、S・ルークスは、ルヌヴィエ哲学の特徴として、第一に、自然の決定論と道徳性によって予想される自由との両立性の強調、第二に、カント的な個人の尊厳と自律性への関心と、個人の統一と他者への依存の感覚に基づく社会結合の理論とを結び付けること、第三に、「功利」よりも「公正」を重視する姿勢、の三つをあげている[3]。しかし、これらのどれがカントそのものの思想から導かれたものなのか、あるいは新カント派に位置づけられる思想系譜から抽出されたものなのかははっきりしない部分が多い。むしろこれらの諸特徴のなかには新カント派哲学以外の強い影響と考えられるものも認められる。

このように、当時のフランスにおいて、一般的に新カント派哲学の影響とされているもののなかには、新カント派以外の諸要素、とくにプロテスタンティズムおよびユダヤ教の影響といえるものも含まれていると考えられる。(4) にもかかわらず、十九世紀後半のフランス思想界において、新カント派哲学は、カトリシズムに代わる新しい「社会的」正義の思想を模索するうえで、「社会化された」カント道徳論として脚光を浴びたのであった。(5) この「社会化された」カント道徳論としての、フランスにおける新カント派哲学は、十九世紀的リベラリズムとの対抗関係から、共和主義思想に大きな影響を与えていくことになる。

功利主義哲学と結びついて隆盛を迎えることになる十九世紀的リベラリズムでは、救貧活動など、今日われわれが使うところの「福祉」(charité, bienfaisance)は、本質的にはリベラリズムの論理体系とは矛盾するものの、現実的必要性から、最低限においてはその存在を容認していた。しかし、リベラリズムの原理からは、「福祉」のあり方を実定法に位置づけること、およびそれらを貧者の「権利」として概念化することは、到底容認できなかった。なぜなら「法」というすでに存在する相互の権利の限界を確認しあうことを役割とする領域と、人々の自発的な良心に支えられた「道徳」の領域とは、明確に区別されるべきものとされていたからである。

たとえば、第二帝政期における代表的「経済学派」(l'école économie)の一人である、バスティア(F.Bastiat)は、この「法」と「道徳」の厳格な分離を主張した。たとえば、救貧活動などいわゆる「福祉」活動は、対象の性格上、法規範の厳格な適用ではなく、政治的力学によってしかその限界を明確にしえない点で、「法」そのものの存在基盤を脅かすことにもなりかねない。したがって、「福祉」活動は、法の領域に属するものではなく、自発性に基づく道徳的活動の範疇に属するべきとする主張である。(6) つまり法に要求されるのは、個々人の相互的な権利の保障のみであって、友愛の精神に基づく福祉活動は、法の領域外に存在する道徳的活動として概念化しなければならないものとされたのである。(7)

これに対して、プルードンなどの社会主義者は、まさに「法」を社会的倫理観の体系としてとらえ、法による友愛の実現を目指していた。かれらは、社会全体は人間の所産、したがって法の所産と考えていた。「法的なもの」と「政治的なもの」すなわち「道徳」は、分離できないのみならず、「道徳」を外化したものが、すなわち「法」であると理解されていた。

こうした法と道徳の関係性をめぐるイデオロギー的論争のなか、新カント派哲学の影響を受けた共和思想は、リベラリズムと社会主義への対抗関係のなかから「道徳」論と結びついた共和主義論を提示しようとしていた。そのためには、共和政は道徳によって与えられる基盤なくしては存続し得ず、その本質は道徳的なものであることを示すことが最大の課題であった。

新カント派哲学の影響をうけた代表的共和主義理論家バルニは、リベラリズムを批判して、政治が道徳とは決して無縁なものではあり得ないことを強調する一方、私的なボランティアの精神と自立心の涵養にマイナスに働くとのゆえをもって、貧者に対する国家による公的扶助にも反対する。それらに対して、かれがこの政治と道徳を結び付ける紐帯としての意義を強調したものが、「相互扶助組合」「信用協同組合」「生活共同組合」などの「組合」(association)に代表される「中間集団」であった。(8)

この中間集団をめぐるバルニのつぎの言葉に着目してみたい。「組合、ここにこそ一般に近代社会の大きな梃子となるべきものがある。民主政が勝利を収めたところでは、古い団体（同業組合）は、自由と平等に反する特権を代表するものであったがゆえに、民主主義によって破壊された。しかし、そのかわりに何も設置しないならば、空間にばらまかれ、無力な塵以外の何が残るだろう。…（中略）…個人の自由と活力のうえに、組合（association）と連帯（solidarité）の精神を築かなければならないのである。そこに近年では、個人主義と社会主義と呼ばれるものを和解させる秘密がある。そこに社会問題を解決する秘密がある」[9]。このようにバルニは、「社会問題」を解決するための鍵として、「中間集団」の再建を取り上げることによって政治と道徳を結びつけ、共和政の道徳的基盤を解明しようとしたのである。[10]

さらにかれが、この共和政の道徳的基盤を具体的に確保するために必要不可欠としたものが、民主主義精神の涵養を中心とする「公教育」の普及であった。普通選挙制のもと、ボナパルティズム的専制の発生を防ぐためには、民衆が政治的デマゴギーに踊らされることのないように、哲学的理性とは区別される「政治理性」をもつことが必要であり、これは連帯の精神を教える共和国第一の義務として、従来のカトリック教会を担い手とするものに代わる「公教育」によって実現されるほかはないと考えた。

このバルニの見解に代表されるように、第三共和政期の共和主義思想の前提をなす、新カント派哲学の影響を受けた第二帝政期の共和主義思想は、リベラリズムや社会主義諸派との対抗関係のなかから、政治と道徳を結び付けることで、その思想的アイデンティティを確保しようとした。それは救貧活動など「福祉」活動を、中間集団および「連帯の精神」によって実現することで、共和国の義務と社会の道徳的要請を結び付けることを目指すものであった。それはまた、「社会問題」の解決に当たる領域として、国家と個人の間に「社会的なるもの」を設定し、「国家」と「社会」を完全に分離するのでもなく、また「社会」によって「国家」を包摂してしまうのでもない、国家と社会の新しい関係性を模索するものであった。

第二帝政期から第三共和政期のはじめにかけて、共和派が経済的自由主義に代表されるリベラリズムと社会主義諸勢力に対抗して、自己のイデオロギー的アイデンティティを保つため、政治と道徳を結びつけ、共和政の道徳的基盤を確保しようとしてきたことをこれまで検討してきた。そうした目標のために、この時期の共和派が重視したのが、「中間集団」の再興であり、国民の「政治理性」を涵養するために、共和国そのものが担い手となることが想定された「教育」の実現であった。かれらは、こうした中間集団の再興や国民教育の充実によって、共和政がかかえるさまざまな「社会問題」も自然に解決可能だとしていた。

しかし、二月革命時に吹き出した、大革命時のスローガンの一つ「友愛」（fraternité）の実現を目指した「労働者を主人公とする社会」を求める動きは、第二共和政下における「国立作業所」（ateliers nationaux）の創立による失業問題への取り組みなどさまざまな社会的実験を生み出していた。こうした動きは、国立作業所の閉鎖をめぐって引きおこされた六月暴動の鎮圧後も、単なる政体の変更にとどまらない「社会改革」を指向するものとして、「友愛」（fraternité）「連帯」（solidarité）「正義」（justice）などのあり方をめぐる幅広い議論を巻き起こしていた。とくに第二帝政期に入って、政府も「社会問題」の解決を重要な政策課題に掲げるようになると、その解決の原理として、**fraternité chrétienne**（キリスト教的友愛）に基づく社会改革を主張するカトリック勢力と、**fraternité socialiste**（社会主義的友愛）に基づく根本的社会改革を主張する社会主義諸勢力とが拮抗していた。(11)

フランス大革命は、「単一不可分の共和国」の理念のもと、国家と共和国を構成する市民とを直接結びつける立憲体制を目指し、「旧体制」（l'Ancien Régime）における社団的国家編成原理を否定し、(12)国家と個人を媒介する「中間団体」（corps intermédiaire）の政治的存在意義を否定した。しかし、産業化の進展は、個人が社会的に孤立したまま国家に対峙せざるを得ない状況を作りだし、労働者の窮乏化やその社会的孤立など深刻な「社会問題」を生み出していた。こうした状況のなか、プルードンなどは、労働者の自発的な「連合」（association）の原理に立脚する新しい社会の構築を構想していた[13]。

しかし、当時のフランス社会の抱える「社会問題」は、七月王政期に本格化した産業革命によってもたらされたフランス社会の構造的問題、具体的には産業構造の変化に基づく人口移動や家族形態・社会的権威のありかたの変容などに起因するもので、カトリック勢力の主張する、旧来からの相互扶助精神の涵養や伝統的権威の復活、あるいは社会主義諸派のユートピア的協同社会像の提示では解決されないとする諸潮流が誕生する。これらのうち、第二帝政期から第三共和政の初期にかけて最も大きな勢力となり、その政策指向的な社会科学論によって、フランスにおける福祉国家論の形成に多大な影響を与えたのが、ル・プレーおよびかれの後を継いだル・プレー学派であった[14]。かれらの社会改革案の特徴は、新しい association の原理を提唱したプルードン派とは異なり、現存する中間集団（とりわけ家族）に依拠し、その再建を通じて「社会問題」の解決をはかろうとする点にあった。

（1）ボナパルティズムをめぐる政治社会状況については、中木康夫『フランス政治史』上、未來社、一九七五年を参照。なお中木氏はボナパルティズムに基づく第二帝政は、アングロ・サクソンの世界市場支配体制に挑戦するための「国民的」非常体制としてもとらえられるとしている。

（2）新カント派哲学の影響が一面的であった背景には、この当時の哲学者のうち、ドイツ語を読みこなせるものが少数であったことにも原因がある。フランスにおいてドイツの学問への関心が高まるのは普仏戦争敗北以後であった。

（3）S.Lukes, Emile Durkheim, His Life and Work: A Historical and Critical Study, 1973（Penguin book,1988）p.55.

（4）ルヌヴィエをはじめとして、この当時の共和主義者はプロテスタントの割合が高かった。

（5）「社会化された」カント道徳論という用語で、筆者が表現したいのは、個人の内面的でア・プリオリな規範を重視するカントの道徳論を、個人の社会に対する優越性によって修正し、社会そのものに内在する道徳的感情を社会倫理の根源的原理とする考え方である。

(6) Marcel David, Les fondements du social, De la Ⅲè République l'heure actuelle, Paris, Anthropos, 1993, p.68.

(7) こうした考え方のもとでは、法は何が正しいか、何をなすべきかの規制を示すものではない。法に帰せられるのは、そうした規制を評価する基準、つまり正当に課すことのできる義務とは何かを問うことである。

(8) Jules Barni, La morale dans la démocratie（2e édition）, Paris, Pelix Alcan, 1885.なおこの著作に関しては、明治期に中江兆民が翻訳し紹介している。

(9) Ibid., p.123.

(10) 中間集団に対するこうした考え方は、association に関するトクヴィル的伝統の系譜に属し、のちの職業集団の再建に関するデュルケームの発想にもつながるものと考えることができる。

(11) M.David, op.cit., p.68.

(12) 旧体制下における社団的国家編成原理については、二宮宏之「フランス絶対王政の統治構造」『全体を見る目と歴史家たち』平凡社、一九九五年を参照。

(13) プルードンにおける社会再組織化論に関する綿密な研究文献として、Jean Babcal, Proudohn, Pluralisme et Autogestion, Paris, Editions Montaigne, 1970.

(14) ル・プレーの業績および主要著作に関する綿密な分析を試みた文献として、Françoise Arnault, Frédéric Le Play: De la métallurgie à la science sociale, Presses Universitaires de Nancy, 1993.

第二節　ル・プレーの社会調査と社会政策

一　家族の再建とパトロナージュ

ル・プレー（Frédéric Le Play）は、一八〇六年に生まれ、理工科学校・パリ高等鉱山学校を卒業したのち、鉱山技師として活躍した。かれはのちに鉱山総監、元老院議員などの要職を歴任した当時の典型的テクノクラートであり、党派的・イデオロギー的対立を超越した社会正義の実現をめざし、当時の「社会問題」に対処するため、独自の社会科学（la science sociale ou l'économie sociale）を構築しようとした。[1] 新しい社会科学の創設に基づくかれの社会改革運動には、次の三つの特徴がみられる。

第一に、ル・プレーは、「社会問題」に取り組むにあたって、十九世紀中盤の産業革命のヨーロッパ大陸への浸透を受け、フランスだけでなくヨーロッパ大陸の広範な国々における労働者の状況について、家族調査を中心とする体系的社会調査を行ったことである。この社会調査は『ヨーロッパの労働者』[2] という大部の著作として刊行されたが、この著作にみられるかれの方法的特徴は、第一に、家族を社会の基本単位に求め、それを出発点として全体社会に迫ろうとする姿勢である。[3] 第二に、労働者の生活実態調査にあたって、綿密なモノグラフィーを収集した点である。これは労働者家族の実態調査という、具体性・個別性に着目しなければならない領域においては、従来の統計的手法では期待する成果が上げられないと考えたことによる。

第二に、ル・プレーを中心とするこうした体系的社会調査に基づく社会改革運動は、サン＝シモン派に代表される、第二帝政期に隆盛をみたテクノクラート運動の一環として位置づけられる点である。ただし、都市計画や鉄道敷設など第二帝政期の産業・植民政策に絶大な影響力を発揮したサン＝シモン派に比較すると、ル・プレー学派は、もともと自然科学的手法に精通していたこともあり、ヨーロッパにおける労働者の実態を丹念に調査することによって、フランスを含めたヨーロッパ社会が経験した「近代化」とは何であったのか、われわれはそこに何を得、何を失ったのか、を国際比較によって実証的に解明しようとする、社会の基盤構造への高い学問的関心をもつところに特徴があった(4)。

第三に、社会科学における理論と実践の関連をめぐり、ル・プレー学派は、きわめて政策指向的な方向性をもっていた点である。ル・プレーは、『ヨーロッパの労働者』で明らかとなった、フランス社会の構造的課題に対応することを目指し、『フランスの社会改革』(5)を著し、家族の再建を柱とした諸改革案を提示する。この『フランスの社会改革』は、ル・プレーの死後も改定が行われ、ル・プレー学派の中心的教理としての役割を担うことになる。

ル・プレーの社会改革案の検討に入る前に、議論の前提となる、産業革命以後の社会変動に対する、かれの基本的認識を明らかにしておくことにしたい。産業化の進展によって共同体の役割は縮小し、社会移動の機会は増大した。しかし、それは同時に社会的不平等と格差の拡大をまねき、とくに窮乏化した労働者の社会的孤立を招いている。このように考えるかれは、現代では労働者の「福祉」(bien-être)が「社会問題」の中心に位置するものとして、重要な社会的関心事であると指摘する。しかし、社会発展が個人の自由とイニシアティブの拡大に依存することも事実であり、この近代社会の基本原理である、個人の自由と労働者の福祉を両立できる社会組織を構築するために、現代社会における対立・拮抗関係と不安定性をいかに克服するかが社会改革にあたっての中心的課題とされる。

ル・プレーの社会改革論の中心に位置するのは、その社会集団論なかでも「中間集団」(groupes intermédiaires) 論である。ル・プレーは、諸社会集団をまず「私生活」(vie privée) 集団と「公生活」(vie publique) 集団に区分する。この分類において「私生活」集団とされるのは、家族 (famille)、コミュノテ (communauté)、コルポラシオン (corporation)、パトロナージュ (patronage) の四つである。

このなかで「家族」は、ル・プレーにとって社会科学の方法論的基盤をなすだけでなく、社会秩序再建の柱となるべき最も重要な位置づけを与えられていた集団である。個人の自由と社会全体の福祉を両立させることを課題としたル・プレーにとって、家族研究の焦点は、この課題を実現させることのできる家族類型を提示することであった。『ヨーロッパの労働者』における実態調査をふまえて、かれは、ヨーロッパにおける家族の基本類型を、「家父長家族」(famille patriarcale)、「不安定家族」(famille instable)、「株家族」(famille-souche) の三つに分類するのである。

第一の「家父長家族」は伝統的家族であるが、産業化以後の社会変動によってその基盤は大きく揺らいでいる。第二の「不安定家族」は、いわゆる核家族に代表される近代家族で、個人の自由を認める点では優れているが、その基盤は脆くつねに解体の不安を抱えている。これに対して、第一と第二の中間にある第三の「株家族」(famille-souche) こそが、ル・プレーの提示した理想の家族形態であった。この「株家族」とは、家長が選んだ一人の子どもに財産を相続させ、三世代が同居する安定した生活を維持する家族を指す。(6) ル・プレーは、この家族のもとでのみ、第二の類型にはない安定と第一の類型にはない独立性がともに確保されるとしたのである。『ヨーロッパの労働者』における実態調査によって、この「株家族」が現在も保たれているイングランドでは、「遺言の自由」に象徴される父親の権威が確保されている点に着目するル・プレーは、フランスにおける社会改革の方向性として、この「株家族」を実現すべく、大革命の成果として民法典で保障された「強制分割」（partage forcé）制度を廃止し、一人の子どもに全財産の相続を行わせることを可能にする遺言の自由を復活することが必要だと主張し、その復活へ向けて運動の組織化を図ろうとしたのであった。(7)

このように、家族の再建こそが社会改革の第一歩とするル・プレーは、つぎに社会集団における「私的領域」と「公的領域」を結びつけるものとして、「労働の体制」（le régime du travail）を確立することを課題とし、「社会問題」解決の鍵を握ると考えられていたアソシアシオン（association）の問題を取り上げる。

ル・プレーは、プルードン派をはじめとして、当時社会改革を目指す諸勢力によってしばしば取り上げられていたこのアソシアシオンの概念について、次のように述べている。「現代において誇大に吹聴された万能薬のうち『アソシアシオン』は、われわれがもっとも濫用したものの一つである。それは社会の新しい組織を夢見る学派にとっても、進歩と伝統を和解させると称する学派にとっても、ありきたりの原理、一種の決まり文句となった(8)」。このように指摘したうえで、ル・プレーは、現代における代表的アソシアシオンとしての、コミュノテとコルポラシオンの二つの形態について検討を行っている。

コミュノテ（communauté）を、それが労働者のもの（les communautés d'ouvriers）であれ、資本家のもの（les communautés de capitaux）であれ、「成員たちが協同で、農業・製造業・商業を経営するある種の事業共同体(9)」としてル・プレーは定義する。そのうえでかれは、は、二月革命期にパリで労働者が多くのコミュノテを形成したものの、「国立作業所」の失敗に象徴されるように、社会的貧困の解決と事業共同体の経営を両立させることは難しく、その結果は、いずれも無残なものであったことをあげ、今日においてコミュノテは、「社会問題」解決のための有効な処方箋とはなりえないことを指摘する。[10]

つぎにコルポラシオン（corporation）に関して、ル・プレーは、社会変動にともない一時的であれ、継続的であれ、現代社会はコルポラシオンの助けを必要とする機会が増大していることを指摘したうえで、それらを六つのカテゴリーに分類している。[11]第一に、貧困援助団体（les corporations qui assistent l'indigence）、第二に、貧困防止団体（les corporations qui préviennent le paupérisme）、第三に、共済組合（les sociétés de secours mutuels）、第四に、同業組合（les corporations d'arts et métiers）、第五に、文芸・学術団体（les corporations littéraires et scientifique）、第六に、宗教団体を含む道徳団体（Les corporations vouées à l'ordre morale）である。さらにかれは、これらとは別に、教育団体もとりあげ、詳細に検討を加えている。これらのコルポラシオンのうち、「社会問題」の焦点である労働者の福祉に関係するのは、第一から第四とされる。しかし、第一・第二は補助的な役割しか果たせず、第三は貧困の消滅には役立たず、第四は、かつてはきわめて重要な役割を担ったが、労働形態・労使関係に大きな変容が生じた現代においては、その再興は不可能だとされる。したがって、ル・プレーは、コルポラシオンもコミュノテ同様に「社会問題」解決への有効な手がかりとはならないとするのである。

このように、コミュノテ、コルポラシオンともに、社会的貧困（paupérisme）への対策としては無力であると考えるル・プレーが、「労働の体制」を安定させ、社会的貧困を打破するための最良の社会的手段と考えたのがパトロナージュ（patronage）であった。パトロナージュは、元来年長者による弱者保護の意味をもつが、現代社会におけるパトロナージュは、経営者の自発的意思に基づく労働者保護を意味し、このパトロナージュに基づく「労働の体制」の組織化が図られたときにのみ、「個人の自由な発展」と「生活保障」という社会の二大必要を満たすシステムを「私的領域」において作りだすことができるとされた。[12]

ル・プレーが、このように「社会問題」解決への重要な手がかりとして、パトロナージュの意義を強調したことには、二つの大きな意味がある。第一に、このパトロナージュがあくまでも国家の管轄外にある「私的領域」に属するものとして構想された点である。ル・プレーは、自由競争によってひきおこされるさまざまな弊害を国家統制（dirigisme）によって是正しようとすることは、より大きな問題につながると考えていた。第二に、パトロナージュを、将来に対する見通し（prévoyance）に欠ける民衆の生活保障を目的とする、習俗と制度の総体として指摘した点である。つまりパトロナージュは、単に社会的貧困を防ぐための制度であるにとどまらず、道徳的頽廃を免れることをも目的とするものであった[13]。それゆえ、その定着には労使の「自発性」が何よりも不可欠とされる。こうした点は、のちにフランスにおける各種社会保険制度の創設・発展において、企業主によるパトロナージュを起源とする制度が果した役割の大きさと、社会保険制度が担うことが期待されたたんなる所得補塡にとどまらない社会的連帯の基盤としての役割の重要性を考えたときに、大きな意味をもつと考えることができる。

二　ル・プレー学派の「社会改革」案

これまで検討してきたように、ル・プレーは、家族の再建（「株家族」の再興）とパトロナージュに「社会問題」解決の鍵をみいだしていた。しかし、同時にかれは、現在のフランスにおいてこれらの「私生活」集団が官僚制に代表される国家機構によって激しくその本来の姿を侵害されていることを指摘する。それゆえ、ル・プレーの次の課題は、この「公生活」集団をいかに再組織化するかにあった。

ル・プレーは、官僚制を、旧体制以来の集権化によって生まれ、絶対王政下での頽廃によって特徴づけられ、大革命以後もその害毒は決して衰えていないものとする。そして、官僚制は、その「無責任」(irresponsabilité)の体質によって、現代の「公生活」における最大の障害物になっていると認識する。[14] こうした官僚制の支配のもと、「公生活」は「私生活」を際限なく侵害し、それを窒息させている。その結果個人の自主性が失われるとともに、「社会」が「国家」に従属し、活力を失ってしまっているのが現在のフランス社会の状況だと指摘する。

こうした状況認識に立つル・プレーは、家族とともに、「地域」(province)の再建がこれからの社会改革において鍵を握るものだと考える。なぜなら、「地域」は、固有の文化・伝統を有する「生活圏」として、肥大化した国家と画一的官僚制支配に基づく「私生活」の侵害を防ぎ、「社会」を活性化する唯一の拠点と考えられたからである。官僚制の問題点を、権力の上部への集中と権限の下部への分散を特徴とする無責任の体系にみていたかれは、この「地域」の再建にあたって、国家から地域に権力を再分配することを提唱した。そして、「地域」再建の中心的課題を、官僚に対抗するものとしての地方名望家に代表される「社会的権力」(autorité sociale)の確立にみいだしていた。

「私生活」を守り、官僚制の悪弊を打破して「公生活」を再組織化するため、ル・プレーは、自治体(commune)から国家にいたる行政単位すべての再組織化を提唱するが、その中心的課題は、県と国家の中間にある州(province)の再興であった。大革命以後の中央集権国家体制は、州の政治・社会的意義を否定したが、産業化の進展した今日において、provinceは、農村と都市の対立を止揚し、旧体制下におけるような排他的経済圏ではなく、広域的な公共事業・教育・司法制度の運営主体として、「社会」に活力と秩序をもたらすものになりうると想定されたのである。[15]

このように、官僚制支配に象徴される国家的権威を「社会的権力」によって置き換えることで、「社会」の窒息状態を打破し、社会改革への足掛かりを築こうとしたル・プレーの意思は、かれの死後も、雑誌『社会改革』(Réforme sociale) の刊行を中心とするル・プレー学派を形成し、フランスにおける地域主義運動などに大きな影響を与えていく。しかし、このル・プレー学派は、その後、運動の方向性をめぐる対立が次第に激しくなり、一八八六年には、社会調査を中心とする社会科学研究の精緻化を進めるべきとする「社会科学」派と、社会改革を優先すべきであるとする「社会改革」派に分裂する。

この「社会改革」派のなかで、ル・プレーの手になるモノグラフィーの手法をさらに発展させるとともに、それに統計学の素養を合わせ、今日の「社会工学」の開拓者の一人となったのが、シェソン (Emile Cheysson) であった。かれはル。プレーが手がけた家族モノグラフィーを修正し、新しく「職業モノグラフィー」(monographie d'atelier) を開拓し、独自の調査票に基づく詳細な分析を行うとともに、産業化時代に適合した新しい家族像を提示しようとした。[16] それは、労働者は自然家族（従来の家族、かれもやはり「株家族」を理想とする）とともに、「産業家族」（雇用主を主人とする疑似的家族）の二つに属するとする考え方であった。家族の再建とパトロナージュを結びつけるシェソンの立場に立てば、使用者と労働者は敵同士の関係にあるものではなく、協調して共通の利益増進に努めるべきものとされる。

したがって、シェソンにとっても、パトロナージュこそが労働者福祉を中心とする「社会問題」解決の決め手とされる。かれは、また労使関係や労働者福祉、さらに社会統計学の分野に関する優れた論文を次々に発表し、パトロナージュが成立する諸条件を探究しようとした。しかし、かれの立論には、労働者を単に庇護される受動的存在ととらえず、労使協調の必要性と合理性を科学的に解明しようとした点に、従来のパトロナージュ論とは異なり、国民的規模の福祉政策への見通しや「社会工学」への発展につながる新しい契機をみいだすことができる。[17] かれの

「社会改革」論は、数多くの論文に示された新しい労働者像・経営者像によって、フランスにおける福祉国家論の形成に多大な影響を与えることになった。

（1）ル・プレー学派の動向をフランスにおける地域主義論の発展と結びつけて論じた、ル・プレー学派に関する基本的研究文献として、廣田明「フランス・レジョナリスムの成立――ル・プレー学派における家族、労働、地域――」遠藤輝明編『地域と国家――フランス・レジョナリスムの研究』日本経済評論社、一九九二年。

（2）この著作の正式なタイトルは以下の通りである。Les ouvriers européens. Etudes sur les travaux, la vie domestique et la condition morale des populations ouvriers de l'Europe, précédés d'un exposé de la méthode d'observation, Paris, 1855.実際に筆者が参照しえた第二版（増補改訂版）は、六巻本であるが各巻毎にそのタイトルは異なる。ちなみに第一巻のタイトルは次の通りである。Les ouvriers européens（2e édition）, La méthode d'observation appliquée, de 1829 à 1879 à l'étude des famille ouvriers en trois livres ou précis sommaires touchant les origines, la description et l'histoire de la méthode avec une carte géographique des 57 famille décrites, 1887-89.

（3）この姿勢は、個人を出発点として社会形成原理を探究する近代自然法思想に対する意義申立であり、コント以来のフランス社会科学における伝統でもあった。

（4）ル・プレーらが主要観察対象を労働者（狭義の工場労働者だけではなく、農業労働者や家内産業従事者も含む）に絞ったのも労働者は社会環境の影響をもっとも受けやすいがゆえに、社会変動の様態をいちばんはっきりと映し出すものとされたからである。

（5）Le Play, La réforme sociale en France, déduite de l'observation comparée des peuples européens, Paris, 1864.なお筆者が直接参照したものは一九〇一年刊行の第八版で、タイトルには変化がないが、初版の二巻本が三巻本になっている。

（6）この「株家族」（famille-souche）の用語は、この形態をもつイングランドの家族が大陸の家族に比して活力を失っていないと感じたル・プレーが、これと同じ形態をピレネー山脈の農村家族調査で発見し、これこそが家族本来の在り方をとどめた理想形態だと判断し、概念化するために造りだしたものである。

（7）ル・プレーが積極的に取り組んだ「遺言の自由」を法制化しようとする運動は、革命の重要な成果である「均分相続」を全面的に否定しようとするものであっただけに、議会内の広範な支持を獲得することに失敗し、運動としては挫折した。

（8）Le Play, La réforme sociale en France（8e édition）, Paris, 1901. Tome 2, pp.233-234.

（9）Ibid., p.235.

（10）Ibid., p.449.

（11）Ibid., p.292 以下。

（12）Ibid., p.460.

（13）ル・プレーは、パトロナージュを「株家族」との関連においてもとらえていた。つまりパトロナージュは、労使関係の安定化を図るだけでなく、家族の再建にもつながることが想定されていたのである。

（14）Le play, op.cit., tome 3, p.344.

（15）ル・プレーの地域再組織化案の詳細については、廣田前掲論文、六六頁以下を参照。

（16）シェソンのモノグラフィー論および家族像に関しては、E. Cheysson,（en collaboration avec Alfred Toqué）, Les Budgets comparés des cent monographies de familles, Rome, Imprimirie Héritiers Botta, 1890.

（17）伝統的パトロナージュから「社会工学」への転換に関しては、François Ewald, L'Etat providence, Paris, Grasset, 1986. pp.122-140.

第三節　第三共和政期の「社会問題」と連帯主義

十九世紀後半のフランスにおける共和政論にとって大きな課題とされたのは、個人の自由なイニシアティブに基づく行為の領域を重視しようとする「経済的」自由主義の原理の暴走を防ぎ、フランス自由主義思想の伝統をいかにして共和政論のなかに包摂していけるかという問題であった(1)。そのなかで、第三共和政の成立以後とくに強く意識されるようになってきたいわゆる「社会問題」への対応は、共和政の安定にとって致命的ともなりうる可能性をもつきわめて重要な問題であった。こうした「社会問題」の解決に向けて、集産主義的社会主義派は、生産と分配の社会的管理を中心として、経済活動に直接国家権力を及ぼすことを主張した。しかし、そのような経済活動への国家の積極的な介入を原則的に拒否しようとする自由主義理論にとってこの「社会問題」の存在は、看過することはできないが、その解決方法を理論的に提示することも容易ではない、いわば突きつけられた刺のようなものであった。この時期のいわゆる共和派に属する政治理論は、第三共和政の成立以後、現存する「共和政」という政治体制を念頭に置きながら、この「社会問題」への対応がもつ重要性を正面からとらえ、共和政論のなかで「社会問題」を原理的に処理することを目指すとともに、共和政の正統性原理を確立しようとしていた。

第一節で検討した第二帝政期の共和思想を受けつぐ第三共和政期の「社会問題」を解決する原理に関する諸論考

のなかで、のちのフランスにおける「福祉国家」の思想的基盤に関する議論ともつながってくる重要なものとして、次のような思想系譜が存在する。[2] すなわち、「国家」と「社会」を厳格に分離しようとする「経済的」自由主義に代表されるリベラリズムと、「社会」による「国家」の包摂をめざす社会主義諸勢力との対抗関係のなかにあって、個人と国家の間に「社会的領域」を設定し、中間団体の再組織化などを通して、「社会的なもの」の機能を高め、そこに「社会問題」解決への道を探ろうとする方向性である。

この時期、個人と国家の間に「社会的領域」を設定し、「社会的なもの」の機能を高め、そこに「社会問題」解決への道を探ろうとするいずれの議論においても強調されているのが「社会連帯」という理念であった。本節では、このような第三共和政期の「社会問題」への対応をめぐり、さきに述べた「社会的領域」の重要性を強調しようとする諸論考、なかでも社会連帯の原理にかかわる議論を取り上げて考察することにしたい。そこでの主要な論点は次の二つである。第一に、「社会問題」の解決に向けて「社会的領域」と国家とが相互にどのような位置関係に立つのかという点である。第二は、国家と個人のあいだに設定された「社会的領域」にどのような「制度」を具体化すれば、「社会問題」の解決が原理的に可能なものとして想定されるかという点である。この二つの論点について、本節では、第一の論点に関して、「社会問題」への対応を通して、社会連帯の原理に合致した自由主義の諸原理を提示しようとしたルヌヴィエ（Charles Renouvier）の共和政論のなかに提示された議論を、また第二の論点に関しては、積極的な社会立法を推し進めようとした「連帯主義」（Solidarisme）の実践的運動の中心人物、政治家レオン・ブルジョワ（Léon Bourgeois）の社会連帯の原理に関する議論に焦点をあてることにする。

これから考察していくように、「社会問題」解決へ向けて「社会的領域」の役割を強調し社会連帯の原理を主張する議論には、以下のような三つの特徴がみられると考えることができる。それは第一に、「社会連帯」の原理を、個人主義と社会主義に対する共和政的な総合（synthèse）の企図として提示したこと。第二に、労災に象徴されるようなさまざまな「危険」（リスク）に対応する「保険」の概念に示されたように、社会保障制度の中核的部分をなす社会保険の存立根拠を原理的に提示しようとしたこと。そして第三に、共和政国家を「社会問題」を解決する手段・道具としてとらえるのではなく、「社会問題」へのさまざまな取り組みを支える社会の共同規範の形成主体としてとらえたことである。

本節の課題は、「社会問題」の解決に向けた社会連帯の原理に関する以上の三つの特徴について考察することを通して、さきに示した二つの論点を解明していくことにある。そして、「社会連帯」という理念が、「社会問題」の解決へ向けて、先行するドイツの諸制度などに範をとりながらも、独自の発展を遂げていくフランス社会保険制度を支える重要な原理となっていく要因について明らかにすることにしたい。

一　第三共和政期の共和政論と「社会問題」

すでに第一節で検討したように一八四八年の二月革命後の第二共和政のもとで、フランス政治社会は「労働権」（droit de travail）の提唱に基づく社会政策として「国立作業所」を設置するなど、国家の政策として「社会問題」に取り組む姿勢をはじめて打ち出したが、これらの諸策は、やがて都市の無産労働者を政治的に孤立させる情勢を招き、「六月暴動」以後の悲劇的な結末を生み出した。その後、二月革命期に露呈した共和政の欺瞞性に裏切られたと感じた国民の支持を受けて成立した第二帝政のもとでは、鉄道網の飛躍的拡大に象徴される産業化の順調な進行と、対外的威信の高揚とを受けて、いわゆる「社会問題」は、政治社会の表舞台からはしばらく姿を消すことになった。

しかし、フランス政治史において「社会問題」は、第三共和政期に入り新たな展開をみせはじめていくことになる。そのまず一つの大きな要因は、パストゥール革命の社会への影響であった[3]。パストゥール（L.Pasteur）の医学・生理学上の発見は、この当時、単に病気の予防・治療に効果を発揮すると考えられただけでなく、社会改革にも広く応用できる発想としてとらえられた。つまり「社会問題」には、その発症「原因」が存在し、その原因を捜し出し、それに対する予防策を講じておけば、結核予防などと同じくその大半は防止できるはずだという発想である[4]。

この「公衆衛生」（l'hygiene publique）にも似た発想は、困窮した労働者などを放置することは、いずれ「社会」全体にとって大きな危険を招くゆえ、適切な施策を積極的に行うことによって「社会問題」の深刻化を未然に防ごうとするものであった。この時期の時代的思潮ともなっていたパストゥール主義の影響もあって、第三共和政期には、それまで国家権力が関与する「政治的」問題とは考えられてこなかった「社会問題」を、社会全体の安定にかかわる重要な政治問題ととらえ、社会諸階層間の摩擦を軍隊と警察の力によって解消させるのではなく、新たな社会立法によって合理的に解決を図っていこうとする動きが高まっていった[5]。

こうした動きとならんで、第三共和政期における「社会問題」をめぐるもう一つの大きな変化は、一八四八年以来久しく政治的論争の主要な争点から遠ざかっていた「社会問題」が、政界の再編をともないながら再び表舞台に登場したことである。とくにブーランジスムの挫折やパナマ事件などを背景として、共和政の枠組み形成をめぐって政治諸勢力の再編成が模索された時期に行われた一八九三年総選挙[6]では、これまでの王党派らとの対立を軸とした共和政の防衛問題に代わって、「社会問題」が初めて主要な争点として登場した。

この一八九三年総選挙は、同時にフランスにおいて社会主義勢力が、従来の議会外大衆運動への依拠にとどまらず、はじめて議会内に一定の足場を確保したことでも注目される[7]。その結果、これ以後「社会問題」への対応をめぐって、議会内に急進派と社会主義政党との提携による「急進的改革派」が形成されていく。そしてこの「急進的改革派」を主要な担い手として、「社会問題」解決のための社会立法実現の機運がにわかに高まっていき、「労災補償法」をはじめとする各種社会保険の導入の是非をめぐる論戦が議会内で本格的に始まっていくのである。

この「急進的改革派」の成立は、パリをはじめ各地の「労働取引所」(Bourse de travail) を拠点とし、ゲード派的社会主義に反抗しながら、次第に各地の労働者に浸透していった革命的サンディカリスムへの危機感をも契機とするものであった。議会内におけるこの「急進的改革派」は、労働者階級を共和政国家の枠内にいかにして取り込んでいくかという課題に対して、積極的な社会政策の実施によって「社会問題」を解消することを緊急の課題と考えていた。

しかし、こうした「社会問題」の取り扱いをめぐっては、産業化の進展にともなって不可避的に発生したものであり、合理的な解決の必要性と可能性を主張する見解だけでなく、それを古来から存在する富者と貧者の闘争が装いを新たにしたものにすぎないとする見方も根強いものであった。たとえば、この時期の共和派を代表する論客であったガンベッタ (Léon Gambetta) は、「政治的には社会問題は存在しない」と述べて、いわゆる「社会問題」を政治的争点とすべきではないと主張した[8]。これに対して、「社会問題」を政治社会から根絶させるような政治的解決は存在しないとしても、「社会問題」に対する政治的応答は存在するとの立場から、共和政理論の枠内に「社会問題」への対応を取り込むことを模索し、「政治」の可能性と義務に関する考察を行おうとしたのが、第二帝政期から第三共和政初期にかけて活躍した、新カント派の哲学者として知られていたルヌヴィエであった。

二　「社会問題」とルヌヴィエの共和政論

ルヌヴィエの「社会問題」に対する強い関心は、その知的生涯の初期から晩年に到るまで一貫して継続していた。一八四八年の二月革命後成立した共和政政府で、文部大臣に就任したイポリット・カルノー（Hippolyte Carnot）のもとで、高等学術委員会（Haute Commission des études scientifique et litteraires）の委員長に就任したジャン・レイノー（Jean Reynaud）から委嘱をうけたルヌヴィエは、普通選挙制の実施により、新たに参政権を得た大衆に対して、共和政の意義と、そこにおける彼らの権利・義務を啓蒙するためのパンフレット『人間と市民に関する共和政の手引き』（Manuel republicain de l'homme et du citoyen）を作成した。この小冊子のなかで、ルヌヴィエは、共和政の責務として「社会問題」への対応が必要であることに言及し、累進課税や相続税の導入などゆるやかな社会改革を目指した「社会的共和政」（République sociale）を提唱した。

しかし、この小冊子が配付されると、内容が社会主義的であるとの突き上げが保守派の立法議会議員から沸き起こり、文部大臣カルノーが辞任に追い込まれる事態になった(9)。ルヌヴィエ自身は、ルイ・ブランをはじめとする社会主義者のグループと行動を共にすることはなかったが、自身の著作に対する攻撃の大きさに驚くとともに、以後政治的な実践活動との接触を絶ち、共和政を支える市民教育のための哲学的基盤の構築に全力を傾けようとしていく。かれは、これ以後も集産主義的社会主義派に対する痛烈な批判にも示されていくように、経済活動に国家が直接介入していくことに対しては概して否定的であったが、のちにふれるブーグレなどと同様に、社会再組織にむけて自発性と連帯を強調するプルードンらの考え方には一貫して強い親近感を抱くなど、社会主義に対してはある種のアンヴィヴァレントな態度を取りつづけることになった。

共和政国家を支える哲学的基盤を確立しようとしたルヌヴィエが目指したものは、集産主義的社会主義でも自由放任の政治経済論でもない、自由主義の原理を提示することであった。それは自由主義を、ひとつの階級利益を代表するイデオロギーとしてではなく、「社会問題」の存在を決して看過することのない、道徳的情熱と社会正義へのコミットを兼ね備えたものとして確立させることであった。こうした課題に答えるための哲学的基盤をみいだそうとしていたルヌヴィエは、結果的に「個人を道徳的存在とみなす」カント哲学に回帰する。元来、新カント派哲学をフランスに導入した人物の一人と考えられていたルヌヴィエは、個人の社会への依存と個人の自由との両立を可能にする哲学的基盤は存在するのかという問いに対して、個人の自由意志は決して社会性を排除するものではないことを明らかにしようとする。(10)

ルヌヴィエの基本的立場は、この個人の自由意志と両立可能な社会性の基盤を、人間が本来もっている道徳性に由来する定言命法に求めようとするものであった。かれはカントに倣って、人間の理性を二つに分け、この定言命法が妥当する純粋理性（raison théorique）の世界を本来あるべきものとして想定する。しかし、現実の世界は「社会問題」の深刻化に象徴されるように、この定言命法が妥当しない、いわば「戦争」（guerre）の状態にある。そこでは、人々は実践理性（raison pratique）に基づいて行動することが求められ、社会生活にともなう相互間のさまざまな軋轢に際して、各人には「防衛の権利」（droit de défence）が生まれるとされる。しかし、この「防衛の権利」すなわち抵抗権は、あくまでも集団的権利としてのみ存在するものと措定されており、たとえば企業主に対する個々の労働者の抗議行動を正当化するものとはとらえられていなかった。(11)

ルヌヴィエは、現前の社会においてこうした「戦争」状態を惹起させている最大の要因として、「所有状態の不均衡」を指摘する。しかし、この不均衡を是正する方法として、集産主義派が主張するような、国家権力の行使による改革をめざすことには、ルヌヴィエは一貫して否定的であった。なぜなら「社会問題」解決の手段として国家が「労働権」に内実を与える諸政策を実施することは、一八四八年の失敗に象徴されているように、「労働権」が抱える内的矛盾によってけっして成功しないであろう。かれのこうした考えの根拠には、労働や所有に関する社会的慣行を急激に変更することは絶対に不可能であるという認識とともに、個人が人間として自立していくための基盤として「所有権」のもつ重要性を強く意識していたことがあげられる。[12]

さらにルヌヴィエは、「社会問題」の解決策として、旧体制下の救貧制度にまで遡ることのできる公的扶助制度にもきわめて懐疑的であった。なぜなら「扶助」(assistance) という概念は、人間の「理性」(raison) によっては、その範囲や程度を合理的に確定できないものであり、それはあくまでも人間の「思いやり」(sentiment) にかかわる領域の問題だと考えていたからである。[13]

したがって、ルヌヴィエは現代社会の枢要な課題の一つとして、この所有状態の不均衡の是正を取りあげるが、これまでいかなる革命や宗教改革運動もこの改革を急激に成し遂げたことはないとし、新しい所有形態への変革は、あくまでも個々人の自発的行為を基盤としたものでなければならないと考えていた。つまりかれの考える「社会問題」の解決とは、共同社会の構成員が「衡平」(balance) としての「正義」の感覚を身につけるようにする市民教育の基盤を整えることを通して、権威の行使をともなわない新しい所有の形態への移行を原理的に提唱することであった。[14]

このように考えるルヌヴィエにとって、「社会問題」を共和政論のなかで理論的に解決させるために重要だと考えられたことは、個々人の権利の観点から構成される「政治的秩序」と、社会関係や習俗に基づく「社会的秩序」

を厳格に区別することであった。共和政は何よりも「法的」(juridique) な体系であるとするルヌヴィエは、共和政国家の三つの原理として、法的体系、すべての自由の保護、そして国家のすべての権力の制限をあげる。[15] これに対して、いわゆる「社会問題」は、共同社会を構成する個人間の関係や習俗にかかわる秩序、すなわち社会連帯に関係するものであるとして、公的扶助制度などにより国家が直接「社会問題」の解決に取り組むべきではなく、「社会的領域」に属する問題として取り扱うことが妥当だと考えた。

ルヌヴィエは、このように「社会問題」の解決を、社会連帯にかかわる「社会的領域」のなかで図ろうとするのであるが、そこでかれが強く期待していたのが、「自由社会主義」の理念 (l'idée de socialisme liberal) であった。さきほどもふれたように、ルヌヴィエは社会主義に対してアンヴィヴァレントな態度を取りつづけたが、かれはユートピア的な社会主義には批判的であったが、自由と結びついた正義への苦闘をともに進もうとする pessimiste (ペシミックな考え方) で pratique (実践的) な「自由社会主義」こそが、共和政の基盤を確立していくうえで必要なものだという認識をもっていた。[16]

したがって、これまで述べてきたように、「社会問題」の解決を共和政理論の枠組みのなかに取り込もうとするルヌヴィエの試みは、「政治的秩序」と「社会的秩序」を峻別したうえで、直接「社会問題」に取り組む「社会的領域」に対して、国家がそれを支える共同規範や法的体系を整備することを目指すものであったととらえることができる。

三　レオン・ブルジョワの連帯主義

これまで考察してきたように、「社会問題」の解決に向けてのルヌヴィエの議論でも、その共和政論のなかに「社会的領域」をいかにして位置づけるかが大きな課題であると意識されていたが、第三共和政期は、法思想の分野でも、十九世紀リベラリズムにおける「私的領域」と「公的領域」の厳格な区分がもはやその意義をもたず、「社会的領域」に関する新たな法的位置づけが必要であるとする主張の萌芽がみられるようになっていた。そうした思想系譜のなかでも、デュルケーム社会理論の影響を受け、法現象の「社会学的」考察の重要性を主張したのがデュギー（Léon Duguit, 1859-1928）であった[17]。

デュギーの法理論は、制定法中心主義に立つフランス公法学にあって、社会に内在する「社会法」ないし自然に内在する「自然法」を中心に、その法体系を組み立てることを志向した点に特徴をもつ。この実定法よりも上位に立つものとしての「社会法」ないしは「自然法」は、伝統的な自然法論とは異なり、社会集団を構成する諸個人のなかに形成されている「社会連帯」という事実そのものに着目して想定されたものであった[18]。

デュギーは、人々が政治秩序に対して思い描いている理念とは区別される、事実そのものをみいだそうとする実証主義の信念に立って、形而上学的前提を排除し、経験的に観察しうる事実の掘り起こしに尽力した。その結果、かれが発見した本質的な事実とは「社会連帯」の存在であった。このことを換言すれば、「人間は生まれながらにして自由であり、かつ権利において平等である」という原理は、ア・プリオリな仮説に過ぎず、「人間は生まれながらにして集合体の一員である」ということこそが事実であるということを意味する。したがって、この「社会連帯」のあり方に対する社会学的考察を前提として、公法学を純粋に経験的な基礎のうえに築き上げ、連帯という基礎のうえに権利の体系を打ち立てることを最大の課題と考えていた。かれは、こうした基本的視座からやがていわゆる「社会連帯主義法学」を生み出していくことになる[19]。

この社会連帯主義法学とともに、第三共和政期における実践的社会改革運動として登場してきたのが、これから検討していくブルジョワらの「連帯主義」であった。この連帯主義の成立に決定的な影響を与えたのは、デュルケーム社会理論、とりわけそのなかで強調されていた契約関係における「契約外の契約」ともいえる社会の規範的要素である。ルソーの社会契約説にみられる自然状態論を批判して、デュルケームは、個人相互間の社会契約による「社会」の形成という考え方を否定し、社会を作りだす道徳的紐帯は、合理的意思に基づく契約には求められないとする。では契約を成り立たせる社会的基盤はどこに求められるのか。この問いに対して、デュルケームは、契約が契約として機能するのは、あたかも宗教儀礼の如く、その形式にこそ重要性があるとして次のように述べている。「契約の道徳的な価値が直接生じてくるのは、意思の合意からではなく、公式の言い回しが用いられるからである。正当な手続きが欠けたなら、契約は存在しない[20]」。このような繰り返しあらわれる形式にこそ意味があるととらえるデュルケームの契約論を延長させたところに、ブルジョワの連帯主義において「連帯」の紐帯を形成する中心的概念である「疑似契約」(quasi-contrat)の考え方が登場する[21]。

このブルジョワの連帯主義における中心的概念である「疑似契約」とは、社会契約論における「契約」の概念のように、最初から何か、たとえば「自然状態」といったものに依拠して成立するのではなく、後からその合意が遡及されるような契約のことを指す。かれは「疑似契約」について、つぎのように説明する。「かかわってくる準備の諸条件についてあらかじめ意図的に議論することができない状況下において、人間が事物の必然性から関係を取り結ぶ場合、かれらの間でこれら諸条件を確定する法は、『かれらが平等かつ自由に議論することが可能であったなら、あらかじめ確立されていたであろう、一致した解釈あるいは心像とならざるをえない』。したがって、これは法の唯一の基礎である平等かつ自由な意志によって与えられる合意の推定である。『疑似契約』とは、遡及的に合意がもたらされる契約以外の何ものでもない(22)」。のちほど述べるように、ブルジョワは、契約論にこの「疑似契約」の概念を導入することによって、かれが理論的に提示しようとした真の「社会連帯」を導き出すための梃子にしようとした。

ブルジョワは、社会現象としての「連帯」を「自然連帯」(solidarité naturelle)と「社会連帯」(solidarité sociale)にまず区分する。この二つの区分は、あたかもデュルケームの『社会分業論』における「機械的連帯」と「有機的連帯」の二類型を彷彿させるが、ブルジョワが概念化した「自然連帯」は、事実としての連帯、つまり産業化にともなう社会的分業・相互依存関係を指す。しかし、この「自然連帯」からは、社会の基礎となるような諸社会規範、つまり権利・義務、さらにブルジョワが社会の道徳的紐帯を作り上げるうえで最も重視する「正義」(justice)の観念を画定することは不可能である。この「自然連帯」に対して、ブルジョワは「正義」が実現された連帯を「社会連帯」と呼ぶのである。ではいかにして「自然連帯の科学的原理の上に道徳的・社会的連帯の実践原理を打ち立てることができるのか(23)」。この問いかけに答えることが、ブルジョワの中心的課題となる。

ここで問題となってくるのは、ブルジョワの考える「正義」(justice)の観念である。かれは「疑似契約」に基づく「協同社会」(association)における交換のあり方として、「交換されるサービスの公平な評価、つまり利益や負担の、社会法の合法的な対象である社会的な資産(actif)や債務(passif)の公平な分配(24)」でなければならないとする。ここにおけるjusticeの観念は、公平や均衡にかかわるものであり、ブルジョワの理想とする社会は、こうした公平性が保たれるものでなければならなかった。

ブルジョワの「正義」論でもう一つ注目すべきなのは、かれがこの「疑似契約」論において、「社会的債務」(dette sociale) をつねに考慮に入れなければならないとしている点である。この「社会的債務」とは、個人が社会に存在するさまざまな制度を利用することから自然に発生するものとされる。つまり「人間はその生活のなかで、かれの同時代人に対してだけでなく、その誕生の日から義務を負っている。『人間は人間社会の債務者として誕生するのである』(L'homme naît débiteur de l'association humaine)」[25] と述べているように、すべての人間が社会に対して最初から負っている負債に相当するものが「社会的債務」であり、これを計算に入れてこそ本当の「正義」は成り立つものとされる。

もちろん実際問題として、個々人に対してこの「社会的債務」を画定することは不可能である。しかし、このことは、ブルジョワに自説の限界を示唆するものではなかった。むしろこの「社会的債務」の計算不可能性は、ブルジョワにとって議論の出発点となるものであった。つまり「自然連帯」のうちに存在する「社会的債務」の不均衡と、その画定不可能性をいかに克服して、「正義」の機能する「社会連帯」を実現していくかという問題である。

この問題について、ブルジョワは、「社会的債務」の計算が不可能である以上、「正義」は、契約のもたらす「合意」の形でしか形成されないことに着目する。この問題を考察するにあたって、ブルジョワは、契約の形態を、個人的なもの、集合的なもの、相互的なもの、の三つに分類する。そしてわれわれにとって必要なものは、相互的な契約、つまりリスクと利益を予見し、それらを相互分配することであると指摘する。[26]

かれは、この相互分配の原理 (mutualisme) をあらゆる連帯のリスクに拡張すれば、真の社会契約を成就させることができるはずだと考えた。ここにブルジョワの社会連帯に対する基本的考え方が示されている。つまりリスクの予見（prévoyance）とその相互分配によって、協同社会を構成する人々の間にある種の「保険」（assurance）を実現することが、かれの想定する「社会連帯」の原理である。

ブルジョワの提唱した「連帯主義」は、以上述べてきたような概念構成をもとに、「社会問題」解決のために、積極的な社会立法によって、「保険」制度の網の目を社会に張りめぐらし、社会的貧困を合理的に解消していくことが可能であることを主張しようとしていく。同時にそれは、「正義」（justice）の達成された真の「社会連帯」を実現することで、第三共和政に新たな道徳的基盤を与えることをも目指していた。当初幅広い国民運動を提唱していたブルジョワは、すでにふれた一八九三年選挙前後の政治勢力再編成によって、新たな多数派を形成した急進共和派の中心勢力となった急進社会党の領袖となっていく。そして、ブルジョワらの主導した連帯主義は、第三共和政期のさまざまな社会「再興」運動の動きのなかで、政治的に最も大きな意味をもちはじめていくことになる。

ドレフュス事件をめぐる国民世論の分裂や、革命的サンディカリスムの高揚など、新しい政治的対立軸が生み出されつつあったこの時期に、連帯主義が実戦的政治活動のなかで大きな意味をもちえた要因としては、次のような点を指摘できる。第一に、この連帯主義が、リベラリズムに立つ自由放任を批判するとともに、「集産主義」を掲げるゲード派などの社会主義派にも対抗し、個人の自由権とりわけ財産権の保障と、生活保障の基盤となる「社会」の再建の両立を提唱した点である。そして第二に、「小所有者」の共和国を理想とし、急進社会党の主要な支持基盤となった、中小商工業者・公務員・中層農民などにとって、この連帯主義に基づく協同社会のモデルは、国家官僚の主導によるものではなく、国民各層の協力による漸進的改革によって、その実現が可能な社会像として大きな意味をもつものであったと考えられる点である。(27)

四　社会保険の形成原理と連帯主義

これまで考察してきたように、ブルジョワの想定する真の「社会連帯」が実現した社会とは、身体的・社会的にさまざまな「リスク」を予見し、それらを「相互分配」するある種の「保険」のようなものを備えた社会であると考えることができる。ここで示されている「保険」の性質を考察するために重要になってくるのが、「リスク」の観念をめぐる問題である。フランスにおける福祉国家の形成過程について、おもに諸制度を支える思想的原理に着目して考察したエウァルドは、ブルジョワと同時代の「保険」をめぐる諸学説を引きながら、「リスク」の観念に関して次の三点を指摘している(28)。

第一に、リスクは「計算可能」(calculable) なものであること。つまり、近年の確率論や統計学の発展によって、リスクはその発生の程度が客観的にほぼ計測可能という点である。第3章で述べるように、この時期の労災保険の導入をめぐる議論においても大きな論争点となったが、従来の「責任」論では、事故の原因は個人の何らかの「過失」(faute) のうちに存在し、個人が慎重に振る舞えば事故は起こらないはずだとする論理がとられていた。しかし、前記の「相互分配」に基づく「保険」の社会では、リスクは、そうした個人の行為や責任とは切り離され、ある規則性をもって発生する事実にのみ基礎を置くものとなる(29)。

第二に、リスクは「集合的」(collectif) なものであること。損害、不幸としての事故はつねに個人的なものであっても、事故のリスクというものはある全体性にかかわっている。リスクは全体性にかかわり集合的なものとなることによって計算可能となるのである。元来、保険固有の作用とは、「相互性」(mutualités) を構成することにある。リスクの観念は、全体性を構成する諸個人は同じ困難に直面しており、すべてのものはリスクに直面していることを前提としている。しかも、従来の同業組合などにおける相互関係とは異なり、保険における相互関係では人々は自由である。なぜなら、そこで個人は、具体的相互性によってではなく、リスクの抽象性においてのみ捕捉されるからである。ここで示されている「保険」は、最大限の個人化（individualisation）に最大限の社会化（socialisation）を結び付ける協同社会の形態を示している。そのような形態の協同社会は、諸個人を個人として自由に存在させながら、共通の利益を享受することを可能にしている。つまりそこでは、「社会」と「個人的自由」という二つの対立が和解させられていると考える[30]。

第三に、リスクは「資本」（capital）であること。保険によって償われるのは、実際に被った被害や損害ではなく、その損失を補填する資本である。つまり保険によっても身体や生命が元通りになるわけではもちろんないが、保険は損害をリスクとして考えることによって、修復不可能な唯一性をもつ出来事と金銭的補償との間に関係を作る。しかし、両者の関係には多くの蓋然性が含まれており、実際の被害と賠償金との整合性を図る共通の尺度は存在しない。したがって、保険に基づく賠償は、あらかじめその被害の程度によって支払われる額が確定していなければならないことになる[31]。

これまでみてきたように、単なる「危険」や「不幸な出来事」と区別される一種の哲学的概念としての「リスク」は、「集合的で、計算可能な、資本の形をとる」ものとされる。ブルジョワは、こうした「リスク」は、その性質上協同社会内において「相互分配」することが可能であると考えた。そしてその集団を構成する成員が膨大なものとなれば、たとえ一つひとつのリスクは大きなものでも、諸個人に分配されるものは、個人にあまり痛みを感じさせないものとなりうることを主張したのであった。

ブルジョワの意図した、こうしたリスクの観念を前提とした「保険の社会」[32]（societé assurancielle）は、たんにさまざまな保険制度が存在し、リスクに備えているという事実だけを意味するのではなかった。それは同時に、あらゆる社会的出来事をその唯一性から解き放ち、保険適用の対象となる可能性をもった社会的物象とすることをも意味していた。さらにこの「保険の社会」の考え方は、単なる経済的な必要性から導き出されるだけでなく、現代社会における道徳上の要請からも求められるものと考えられる。つまりリスクを計算することは、時間を支配し未来を統御することにもつながり、そこではさまざまなリスクを予見し予防することが大きな価値をもつからである。したがって、貯蓄や保険など未来に対する何らの備えを行わず、その日暮らしを営むことは、現代においては不道徳（immoral）でさえある。われわれは、こうしたリスクに対して自ら備えることを道徳的にも要請されていると指摘する。[33]

エウァルドは、こうしたリスクの観念を前提とした「保険の社会」概念を、十九世紀末から二十世紀初頭のフランスにおける「保険」概念の転換を決定づけたものとして使用し、フランスにおける「福祉国家」概念の形成過程における一大契機ととらえようとしている。[34] ここで示されている「保険」概念をめぐるエウァルドの諸論考のなかでさらに、社会保障制度の拡充をその中核的な構成要件とする「福祉国家」の制度原理を考察する際に、等閑視できない部分として重要なのは、「保険」制度における私的「保険」と「社会保険」との原理的差異に関するものである。「保険」制度が、さきにみたさまざまな「リスク」に備えることをめざす機能的なものとしてのみその存在意義をもつものであるとするならば、その規模や効率性に関する検討を留保すれば、加入者がその資力に応じて任意に加入する私的「保険」と「社会保険」との間には原理的差異はほとんど生じないものとなってしまう。しかし、第三共和政期から、先行するドイツの社会保険などに多大な影響を受けながら、その整備が目指されたフランスの社会保険制度は、ただ単に「リスク」に備えることだけを目的とするものではなく、社会「連帯」を生み出す一契機としての役割が期待されていたと考えることができる。それは、社会保険制度を、フランスにおける自由・平等と並ぶ憲法上の原理として、一八四八年の第二共和政下でも強くその顕在化が主張された、「友愛」（fraternité）の原理を、政治社会において具体的に制度化する方法としてとらえることを含むものであったと考えることができる。[35]

この社会保険と連帯との関連について、フランス福祉国家の形成過程を解明しようとしたロザンヴァロンは、「保険は連帯を生み出す一契機である」として、社会保険制度のもつ複合的な機能が重要な論点とされてきたことを強調している。すなわち、社会保険制度と「連帯」という原理の関係について、元来「保険」は技術（technique）であり、「連帯」は価値（valeur）であって、両者は本来的には概念的に直接接合できないものと考えられるが、「保険」は「連帯」を作りだす方法として機能することで、両者の内在的結びつきが成立しうることを指摘する。ここで強調されているのは、社会保険制度が、所得再分配を行う機能をもつことによって国民的規模での社会連帯を作りだす契機となりうる側面である。[36]すなわち社会保険制度が、私的な保険制度と異なり、まさに「社会」保険制度である最大の意義は、資産のある者が年金受給者や失業者のために支払い、健康な者が疾病者のために支払い、若者が老齢者のために支払う、という意味での所得再分配が、制度の原理に不可避的に含まれることにある。つまり各種社会保険制度は、保険料と給付金との関係において、準備可能な資源と給付すべき需要との間に、総体的で非個人的な関係を国民的規模で作りだすことによって、社会連帯の原理を政治社会において体現するものとなりうる点である。

ブルジョワらの連帯主義が、この時期、自由主義と社会主義の間に立つ第三の道としてその意義を強調したのは、まさにこの社会保険と社会連帯との内在的な結びつきに示されるような「社会」の道徳的再編への指向性であった。

つまり「社会問題」を経済的側面からだけでなく、道徳的側面からも解決しようとする試みとしての「連帯主義」の主張である。さきに検討した連帯主義に基づく協同社会のモデルは、社会保険制度のもつ「保険」としてのテクニックに、「連帯」という価値・規範を接合させることによって、フランスにおける社会保険制度の整備・拡充がもつ「社会問題」の解決などへ向けてのゆるやかな社会改革の意義を認識させようとするものでもあったと考えることができる。

むすびにかえて

これまで検討してきたことをふりかえると、ルヌヴィエやブルジョワの議論に典型的に示されたように、フランス第三共和政期の「社会問題」の原理的解決を目指す共和政論においては、「社会連帯」の原理と相互的「正義」の理念を提示することによって、各種社会保険制度の創設・拡充などを大きな課題とする諸改革が提唱されたが、これらは「社会問題」の解決に向けて、国家と個人の間に立つ「社会的領域」の果たすべき役割の重要性を改めて示そうとするものであったととらえることができる。

フランスにおける社会保険制度は、第3章で詳しく述べるように、もともと第二帝政期に鉱山・鉄鋼業および鉄道業にはじまり、のちに幅広い産業へと発展していった、企業主による労働者住宅の建設や老齢年金の支給に端を発するものであった。これらの諸制度はあくまでもパテルナリスムの原理に基づくものであったから、国民的規模の社会保障制度を構想するにあたって、制度設計・運営上のモデルとはなっても、社会保障制度に対する国家の関与そのものを正当化する根拠と直接結びつけることはできないし、社会保障制度の必要性を政治社会のなかで直接示すものでもなかった。

これに対して、さきに述べた「社会連帯」の原理に合致した共和政論を展開したルヌヴィエの議論は、共和政国家はそれ自身で自立した道徳的結社であり、そのような国家のみが、個人間の私的関係において公正の尊重を律することができると指摘することによって、「社会問題」解決に直接関与する諸機関の設置母体としての正統性が国家にあると主張する根拠を示そうとした。またさきに検討した、ブルジョワに代表される「連帯主義」のフランス政治社会における登場は、「経済的」自由主義派が主張するレッセ・フェールでもない、集産主義的社会主義派の主張する革命でもない、相互性と国家に対する相対的自律性に基づく社会改革の第三の道を、社会連帯の原理に立脚した社会保険制度の拡充によって実現しようとしたものとして、「社会問題」解決へ向けての具体的な方向性を明確に示すものであったととらえることができる。

国家から相対的な自律性をもつ「社会的領域」に相当する機構が、「社会問題」の解決に直接取り組むことを主張したこのような議論は、第3章で詳しく検討していくように、長期間の審議を経て一八九八年に成立した「労災補償法」の制定から本格化していく、フランス社会保障制度の展開過程において、保険金庫の運営等に関する国家行政機構の直接管理を極力排除しようとする動きにつながっていくものととらえることができる。そして、こうした動きは、第二次大戦後本格的な「福祉国家」の形成段階を迎えて、各種共済組合を中心とする非国家機関による自律的な制度運営という、社会保障システムの自律性原理としてフランス政治社会に具体化していくことになる。

(1)　十九世紀後半におけるフランス自由主義思想を特徴的な思想家に着目して概観したものとして、William Logue, From Philosophy to Sociology, Northern Illinois U.P., 1983.邦訳（南充彦他訳）ミネルヴァ書房、一九九八年を参照。

(2) フランスにおける福祉国家論に関する思想系譜に関しては、Pierre Rosanvallon, La crise de l'Etat-providence, Paris, Seuil, 1981.が、広範な参考文献から要点を簡潔に整理している。

(3) パストゥール革命が社会に与えた影響について、Pierre Rosanvallon, L'Etat en France de 1789 à nos jours, Paris, Seuil, p.130.以下。

(4) レオン・ブルジョワも、「全国結核予防委員会」(Comité national de défense contre la tuberculose) を組織したように、この時期の「連帯主義」の一つの思想的背景には「公衆衛生」の観念があった。

(5) しかし、第一次大戦までの第三共和政期の前半を通じ、フランス政治における右翼・左翼を区分する最大の論点は、「社会問題」ではなくて政教分離問題であった。

(6) 一八九三年総選挙前後の政治諸勢力の再編成に関しては、中木康夫『フランス政治史』上、未来社、一九七五年、二八三頁以下参照。

(7) この時期の社会主義諸派について、Jean-Marie Mayeur, La vie politique sous la Troisième République, 1870-1940, Paris, Seuil, 1984. pp.157-160.とくにミルラン (Millerand) など独立派社会主義者が、これ以後社会立法の強力な推進者となる。

(8) Marie-Claude Blais, Au principe de la République le cas Renouvier, Paris, Editions Gallimard, 2000. p.304.この著作はルヌヴィエの共和政論に関する詳細な研究である。

(9) Ibid., pp.19-20.

(10) Ibid., p.304.ルヌヴィエは、l'individualité est quelque autre chose que l'unite et la société, quelque chose de plus que l'agglomeration.と述べて、「個人」や「社会」が必ずしも可視的ではない何ものかの支えによって成立していることを強調するが、この考えは、後述するブルジョワが指摘する「社会的債務」(dette sociale) の発想にもつながるものと考えることができる。

（11）Ibid., p.158.

（12）Ibid., pp.165-168.

（13）Ibid., p.162.

（14）ローグ前掲翻訳書九五頁。

（15）Blais. op.cit., p.300.

（16）Ibid., p.309.

（17）デュギーの社会連帯主義を広義の政治・社会思想のなかに位置づけたものとして、Jacques Donzelot, L'invention du social, Essai sur le declin des passions politique, Paris, Seuil, 1994. pp.86-103.を参照。

（18）ローグ前掲翻訳書三一四頁

（19）ローグ前掲翻訳書三一一頁以下参照。なお基本的文献として、L.Duguit, Les Transformations du Droit Public, Paris, Librairie Armand Colin, 1921.また社会連帯主義法学を含むデュギーの思想を同時代の諸学説と比較して論じたものとして、大塚桂『フランスの社会連帯主義　L・デュギーを中心として』成文社、一九九五年、がある。

（20）E.Durkheim, Leçons de sociologie, p.209.邦訳（宮島喬・川喜多喬訳）みすず書房、一九七四年、二二五頁。

（21）ブルジョワの連帯主義におけるこの「疑似契約」の意義に注目したものとして、北垣徹「新たな社会契約——フランス第三共和政期における福祉国家の哲学的基礎」『ソシオロジ』一二三号、一九九五年を参照。本書の立論においても大きな示唆を受けた。

（22）Léon Bourgeois, Solidarité（8e édition), Paris, Almand Colin, 1914. p.61.

（23）Ibid., pp.31-32.

（24）Ibid., p.63.

（25）Ibid., p.54.

（26） Ibid., p.204.

（27） ここにおいて重要な問題となるのが「小所有者」の共和国を目指す動きがフランス帝国主義の展開とどう結びついてくるかである。この問題はたんに急進社会党の植民地政策だけでなく、フランスにおける植民地統治を支えた国内的基盤にかかわる問題を含んでいる。ただしフランスにおいては、大英帝国の繁栄を「福祉国家」の先駆けとみなす形で、社会的貧困の解消と植民地支配との内在的関連性を強調する、いわゆる「社会帝国主義」の成立契機に関する議論はほとんど行われていない。むしろ、植民地統治にかかる膨大な費用の負担問題が常に意識されていた。

（28） Francois Ewald, L'Etat providence, Paris, Grasset, 1986, pp.173-179.

（29） Ibid., pp.175-176.

（30） Ibid., pp.176-177.

（31） Ibid., pp.177-178.

（32） Ibid., p.373.

（33） Ibid., p.180.

（34） Ibid., pp.356-357.

（35） Ibid., p.359.なおフランス公法におけるfraternité原理の展開過程を詳述したものとして、Michel Borgetto, La Notion de Fraternité en Droit Publique Français; le passé, le present et l'avenir de la solidarité, Paris, L.G.D.J., 1993.

（36） この点に関してはとくに、Pierre Rosanvallon, La Nouvellle question sociale, repenser l'etat-providence, Paris, Seuil, 1995. p.83

第3章

フランスにおける「社会保障」概念の展開過程

——第三共和政期の社会立法過程を中心として

はじめに

本章では、第二次世界大戦後に本格的に形成されるフランス「福祉国家」体制における社会保障システムの制度的起源をなす、第三共和政期の各種社会保険など諸社会立法をめぐる諸議論の展開について考察し、フランス政治社会における「社会保障」概念の展開過程について明らかにすることにしたい。

さまざまな社会保険・社会的扶助制度の総称としての「社会保障」の名称は、一九三五年アメリカ合衆国で制定されたSocial Security Act（社会保障法）をその嚆矢とすると考えられるが、第三共和政期を通じてフランスにおいては、公的扶助や社会保険に関する諸制度によって担保される包括的な「社会保障」（Sécurité Sociale）の概念が、明示的に示されることはなかった。この時期のフランスにおいては、先行するドイツの社会保険制度や大恐慌以後のアメリカのように、諸領域にまたがる包括的な社会保障制度の形成を企図する動きは緩慢であり、結果として制度的起源をそれぞれ異にする諸制度が、その対象領域を漸次に拡大させながら発展していったところに特徴がみられる。後ほど詳しく検討していくように、フランスにおいて包括的な「社会保障」の概念の形成が遅れた背景には、政府など公的機関が関与する社会保険・扶助制度の整備の遅れに対して、十九世紀末以来非常に広範囲にわたって、経営者の主導する被用者保護政策が各企業あるいは地域ないしは業種を単位として、かなり広範囲にわたって整備されていたことがあげられる。

しかし、十九世紀末から二十世紀初めにかけて、フランスにおいても、困窮者に対する公的扶助制度だけでなく、さまざまな社会保険制度の創設を中心とする積極的な社会政策の実施が試みられたことにも注目しなければならない。膨大な労働者層の政治社会への統合を目指したドイツの社会保険制度にも刺激され、十九世紀末にはフランスにおいても、さまざまな社会保障・保険法案が議会に提出された。これらの法案は制度の必要性とその制度原理の是非をめぐり、いずれも長期間にわたる議会での審議を経ることになった。しかし、こうした審議のなかで明らかになっていったことは、職業生活や家庭生活における個々人の活動領域に対する、国家・政府の介入・干渉を極力避けようとする諸傾向のフランス政治社会における根強さであった。

これから検討していくさまざまな社会立法に関連する議会での議論で中心的な論点となったのは、具体的な社会保険制度の必要性および有効性と、それらの制度原理のフランス政治社会における定着化との関連性をめぐる問題であった。これらの課題に対して、第三共和政期の諸社会立法過程全体を通して指摘できることは、以下の三つの特徴である。第一に、さまざまな社会立法が議会内におけるいわゆる「急進的改革派」を中心に推進されながらも、かれらが議会内に強固な基盤を必ずしももちえなかったこととも関連して、立法過程が常に紆余曲折し、しばしば制度の根本原理にかかわるような大きな妥協を余儀なくされたこと。第二に、十九世紀のリベラリズム的諸原理を克服し、個人と国家の間にさまざまな諸機関・諸集団を介在させる社会保障制度を政治社会に定着させるための原理として「社会連帯」の理念が大きな役割を果たしたこと。第三に、社会保障制度の定着と安定化を図るために、既存の相互扶助的な共済組合組織をフルに活用し、社会保険諸金庫の運営主体を非国家機関とする「共済組合原則」が次第に確立していったこと、である。

本章の課題は、第三共和政期の社会立法過程全体を通じて、上記の三つの特徴について考察し、フランスにおける「社会保障」概念がこの時期に、職域を中心とする「社会連帯」の理念に基づく社会保険制度の充実を中核としながらも、家族手当の一般化にみられるように、「国民的連帯」の概念に基づく普遍的なシステムの導入へ向かう諸制度の展開過程のなかで実質的に形成されていったことを解明することにある。そして、とくに上記の第三の特徴に関する議論を通して、諸制度・金庫の非「国家主義」的・自主運営や財政に関する制度間の水平的調整の原則など、フランス福祉国家の非「国家主義」的特性の伝統が、この第三共和政期の社会立法をめぐる議会内外における議論によって、フランス政治社会に定着していった要因について明らかにすることにしたい。

第一節　社会保障の概念と社会保険制度の形成

本節ではまず、フランス社会保障制度の制度的源泉となった、経営者側からの労働者層に対する主体的な働きかけであるパトロナージュと、それを支える原理であるパテルナリスムについて考察し、それらがいかなる意味において、フランス社会保険制度の原点となりえたのかについて解明していくことにしたい。ついでフランスにおける社会保険制度の先駆けとなった、労災補償制度の制定をめぐる議論の重要性を指摘し、その議論の展開を通して、十九世紀のリベラリズム的諸傾向がどのような形で克服され、社会連帯の原理を政治社会において具体化するものとしての「社会保障」の概念の定着につながり、また社会保障制度の創設に向かうことになったのかについて検討していくことにする。

一　フランスにおける社会保障とパテルナリスム

フランスにおける「社会保障」概念の形成と密接に関連するものとして、十九世紀後半以後のフランス社会においてきわめて複雑な問題を提起することになったのが、「責任」（responsabilité）をめぐる市民法原理の再検討であった。十九世紀前半までの法原理では、さまざまな身体的・社会的危機に対する保障（assurance）は、各自の才覚（rationalité）においてなされるものとされ、個人の「責任」の範囲をめぐる議論はとくに生じなかった。しかし、のちほど検討していく労災事故の例に典型的にみられるように、フランス社会における本格的な産業化の進展によって、従来の市民法の枠内では十分な対応が困難な問題が次々と惹起されていくようになっていく。とくに産業化の進展によって頻発するようになった労災補償問題をめぐる議論は、「責任」をめぐる法原理を改革していくうえで根本的な論点を提起した。この労災補償問題は、高度に組織化された産業社会においては、「安全」（sécurité）がもはや純粋に個人的な問題ではあり得ないこと、そしてその解決のためには、何らかの「社会」的諸制度が必須のものであることを次第に認識させるに至ったのである。

さらにこの労災補償問題に象徴される「責任」の法原理の転換と、そのための新たな社会制度の創設は、「共同社会」における個人の自律性の範疇をどのようにとらえ直すかという点など、社会統制の新しい設計図の選択に対する根本的な問題でもあった(1)。やや結論を先回りして述べれば、この労災補償問題をめぐる議論のなかで提示された「職業危険」の観念は、従来の市民法原理を修正し、新しい「責任」の一般原理を作り上げていくきわめて重要な契機となったのである。また、このように責任をめぐる法原理を修正するためには、その責任が発生し、またそれを処理する場として、従来の「私的領域」と「公的領域」の間に新しく「社会的領域」を設定することが必要になってくる。さらにこの「責任」に対する新しい考え方は、同時に「保障」に対する認識の変化をともなわざるをえなかった。なぜなら、必ずしも個人の責任に帰すことができない問題に対処するためには、個人のレベルを越えた「社会的保障」の仕組みを「社会的領域」において作り上げることが課題となったのである。つまり労災補償問題を契機とする「責任」をめぐる論争は、産業社会にふさわしい新しい法秩序形成の課題を、さまざまな観点から要請するものとなったのである。

フランスにおける「社会保障」の観念は、こうした十九世紀後半の労災補償問題における「責任」論争を契機として、大きな転換をみせていくことになる。それは「連帯」（solidarité）の哲学によって、新しい「責任」論が生み出されていく展開過程でもあった。そして、そのなかから市民権のもう一つのあり方としての「社会権」（droit social）の概念が引き出されることになる。のちほど詳しくみていくように、労災補償問題を契機とする「責任」論争は、「連帯」の原理に基づく新しい社会契約とも呼べるものを結果的に生み出していくことにもなった。(2)

したがって、フランスにおける「社会保障」概念の形成においては、「労災補償法」の立法過程の考察が不可欠となるが、この「労災補償法」の形成過程を考察するには、その前提として、労災補償をその嚆矢として、フランス社会保障制度の性格に決定的な影響を与えた「パテルナリスム」について、まず考察することが必要である。一八九八年「労災補償法」や一九二八〜三〇年「社会保険法」の立法過程も含めて、フランスにおける社会保障制度の「一般化」が結果としてきわめて不十分なものとなり、また制度の管理運営の一元化（とくに単一金庫原則）の是非が、第二次世界大戦後の本格的社会保障改革に至るまで、常に社会保障制度の枠組みをめぐる最大の論争点でありつづけたのは、このパテルナリスムに基づく労災補償や家族手当のフランス社会における伝統の深さと広がりにその大きな要因がある。

フランスにおける「社会保障」制度の原型を形成したのは、企業主による労働者に対する「援助」（secours）や「保障」（prévoyance）の制度であった。もちろんさまざまな立法を通じて、政府の施策としての疾病や老齢・失業に対する援助措置も、十九世紀の最後の十年間にはかなり試みられるが、その規模は企業主によって整備された諸制度に比べ小さいものだった。また大革命前の旧体制下において、地方長官（intendant）配下の諸行政機関や、カトリック教会を中心として行われていた各小教区を単位とする困窮者に対する救貧活動は、大革命期の混乱を経たのちも、形態をやや変えながら基本的には維持されていたが、あくまでも慈善事業の範囲を越えるものではなかった。そうした救貧的慈善事業に対して、疾病・障害などの身体的危機あるいは老齢・失業などの社会的・経済的危機に対して、それらを「社会」的問題として、社会的に組織される社会サービスによって解決していかなければならないととらえる考え方は、十九世紀前半のフランスにおいて依然として希薄であった。したがって、個人の身体的・社会的危機に対しては、伝統的家族や地域共同体のもつ「含み資産」ともいうべき福祉供給能力に大きく依存していたのである。

しかし、十九世紀後半に入ると、緩慢ではあったが農民層の分解と都市への流入がおこり、都市部の労働者・庶民の貧困は「社会的貧困」(paupérisme) として、放置しておくことができない問題に発展していた。この「社会的貧困」のなかで中心的位置を占めていたのは、第一に、劣悪な住宅問題であり、第二に、労災・疾病・老齢などによる就業中断・不能の問題であった。なかでも、この当時とくにパリやリヨンなどの大都市部、さらに北部の炭鉱・鉄鋼業地域において最も深刻な問題とされたものが、労働貧民の劣悪な住環境であった。

この労働貧民の劣悪な住宅条件への懸念は、主として三つの側面からなされた。第一は、とくにパリにおいて顕著にみられた、住居をもたない人々の増加にともなう社会不安の増大である。地域共同体や家族などの社会的紐帯から切り離された「根無し草」(déraciné) の存在は、この当時きわめて深刻な問題となっていた。第二は、不衛生な住宅条件によってもたらされる伝染病の蔓延である。とくに一八三二年のパリにおけるコレラの流行は、住環境問題の克服が裕福な中産階級にとっても無関係では済まされない課題であることを強く意識させた。第三に、劣悪な住宅環境がもたらす道徳的頽廃と勤労意欲・能力の低下の問題である。この最後の点は、これまでの職人主体の工房に代わり、組織化された工場経営を目指す企業主にとってはきわめて深刻な問題であった。

こうした課題に対して、政府も二月革命以後本格的な取り組みを始めていく。第二共和政政府のもと一八五〇年四月一三日法によって、スラム化した不衛生な住宅の改修や取り壊しを進めるため、大都市部ではかなり大がかりな再開発が行われた。その後も都市再開発は次々に進められ、都市の近代化とともに環境整備がはかられていった。その最も有名な例である第二帝政下、セーヌ県知事オスマンの手になるパリ大改造は、パリの美的景観を向上させたが、市街地開発の費用を地価上昇によって賄ったため、アパート家賃の高騰を招き、パリ市内に住んでいた労働者を郊外へ追い出す結果となり、労働者住宅問題の解決には遠く至らなかった。なぜなら、こうした政府の施策の中心的課題は、公衆衛生の改善と社会不安の除去にあり、右に示した三つめの観点、すなわち労働者の家族生活を安定させ、良質な労働力を確保するという視点は希薄であったからである。

しかし、十九世紀の末には、労働者の住環境問題は個人的自助努力によっては到底解決が期待できない問題としてとらえられるようになり、また厳しい国際的競争のなか、フランス経済を浮揚させるためには、安定かつ良質な労働力の確保の前提となる、労働者の住環境の改善が各企業にとって必須の条件とされるようにもなった。こうした情勢のなかで、フランスの企業家たちのなかには、政府の介入を待つのではなく、「ノブレス・オブリージュ」(noblesse oblige) に基づいて、弱い立場にある労働者に「恩恵」を及ぼそうとする「パテルナリスム」(paternalisme) の一環として、自分たちの努力によって、労働者の住環境問題の解決を図っていこうとする動きが生じてきた。しかし、それは同時に、国家による介入を排し、従業員を完全に企業の支配権のなかに囲い込んでしまおうとする狙いをもつものであった。

企業主による労働者住宅建設(3)としては、第二帝政期のミュールーズ方式に基づく労働者住宅団地会社の活動によるものがもっとも早いが、とりわけ大規模に労働者住宅建設が行われたのは、北部の炭鉱・鉄鋼工業地域であった。これらの地域では、増大する労働需要に対応するためフランス各地から労働者が集められたこともあり、概ね従業員の半数が企業の建設した労働者住宅に入居した。(4) この労働者住宅の建設を進めた企業主の主要な狙いは、疾病等を防ぎ安定した労働力を確保することであるが、それだけではなく、つぎの二つの目的も含まれていた。第一に、労働者住宅の配置・区分はまさに企業内階層性をそのまま引き移したものであり、企業内秩序を居住空間にまで及ぼし、職場規律を確保しようとするものであった。第二に、多くの労働者住宅に専用ないし共同の庭・菜園が設けられたが、これは労働者が就業後や休日に酒場やキャフェでたむろせず、家族とともに過ごす時間を増やす狙いがあった。当時酒場やキャフェは、社会主義思想など経営者にとっては危険な考えに労働者がかぶれる場所と考えられていた。実際、この当時の労働争議においては、しばしば酒場が作戦本部となっていた。

これまで考察してきた労働者住宅建設や、これから述べる老齢年金制度に象徴されるパテルナリスムの思想的な拠り所は、フランスにおける社会政策前史として大きな意味をもつル・プレー学派、および社会カトリシスムに求めることができる。とりわけ第2章で言及したル・プレー学派は、労働者住宅問題にあたって、ゲード派など急進的社会主義者のように、大規模な公営住宅の建設を政府の施策として行うことは主張しなかった。ル・プレー学派に属し、労働者住宅問題の先頭に立ったジョルジュ・ピコは、『社会的義務と労働者住宅』(5) を著して、パリやロンドンにおける労働者住宅の調査をふまえて、住宅問題は「社会問題」の要に位置し、その解決は健全な労働者家庭を作る意味で、社会全体にとっての責務であることを説く。しかし、かれは、国家による労働者住宅問題の解決をとなえる社会主義者の主張を、危険かつ人々が誘惑される見解であると批判する。「協力」(asssociation) のみが民主主義において均衡的正義を保てる原理であるとするかれは、慈善 (charité) も国家の介入もともに、真に「社会問題」を解決しないとする。そして唯一可能と考えたのが、労働者向け低家賃住宅の建設を資本家の協働によって行っていくことであった[6]。こうしたル・プレー学派の主張が、一部の企業家によって受け入れられ、労働者住宅の建設・設計のなかに影響を与えることになったのは、そうした施策が、労働者を社会主義運動から引き離すうえできわめて大きな意義をもつと理解されたからであった。

このピコの見解にも示されているように、とりわけル・プレー学派が強調した家庭生活の重視は、パテルナリスムにとってきわめて大きな意味をもっていた。なぜならパトロナージュは、労働者に対する企業の「恩恵」として示され、それ自体企業内ヒエラルヒーを如実に示すものであるが、企業主は、パトロナージュの目標を道徳的陶冶に基づく労働者の生活改善におき、広義の道徳的感化力による秩序形成を図ろうとしていたからである。しかし、企業側の意図が如何であれ、パテルナリスムが究極的には「社会問題」の解決に対する国家介入の排除を目指した、労働者に対する経営権の一元的支配を内包するものである限り、総合的な「社会保障」制度への展開には限界があった。

十九世紀後半のフランスにおけるパテルナリスムに基づく諸制度のなか、労働者住宅建設とならんでもう一つ特筆すべきものに、炭鉱、鉄鋼業および鉄道業などにおいて制度化が図られた老齢年金制度がある。すでにフランスでは、第二共和政期の一八五〇年に政府の管理下に「国民老齢年金基金」(La Caisse Nationale des Retraites pour la Vieillesse) を組織して、社会事業の近代化に着手していたが、その規模は小さく、受け取る年金額もきわめて低かった。これに対して、鉄鋼業においては、この基金に加入しなかった企業を中心に、一八九四年に「鉄鋼労働者老齢年金基金」(Caisse Patronale de Retraites en faveur des ouvriers des Forges de France) が組織された。この組織は完全なパテルナリスムに基づく組織で、その特徴は、労働者の賃金からの拠出はまったくなく、各企業の経営者がまったく任意に拠出する財源に基づく基金であった点にある。
また多くの炭鉱では、後述の労災補償金庫を補完するものとして、パテルナリスムに基づく「年金金庫」(caisse de retraite)が早くから設置され、廃症・退職者に年金を支給していた。政府が他の産業に先駆けて、一八九四年六月二九日「労働者の疾病と坑夫の老齢年金に関する法」を制定して、坑夫の年金制度に関する制度化を進めようとした背景には、この立法がなされる一八九四年段階で、すでにフランスの坑夫全体の実に九十八パーセントがさまざまな形態の年金組織に加入していたことが上げられる。[7] 一八九四年法によって、この年金制度はさらに拡充され、すべての炭鉱労使は、ともに賃金の二パーセント(合計で賃金の四パーセント)に相当する金額を保険拠出金として「国民老齢年金基金」に払い込むことが義務化された。しかし、この法律は以前から存在する各種企業年金制度を否定するものではなく、新制度への移行による年金水準の低下を恐れる労使双方の反発が強かった。そこで政府は、坑夫連盟の強い運動も背景にあって、一九〇三年に毎年百フランの補助金を交付することにした。この国家からの補助金は、労使からの拠出を財源とする原則にたつフランス社会保険制度の伝統にとって特筆すべきことであった。しかし、当時強力な組織力を有していた坑夫連盟はさらに運動を進め、第一次世界大戦直前の一九一四年二月二五日法によって、「坑夫自主年金基金」(Caisse Autonome de Retraites des Ouvriers Mineurs)を制度化することに成功した。この組織は、労使同額の拠出に加え、政府からの補助金を与えられ、さらにその管理・運営に経営者だけでなく、労働者および政府代表を加える点で画期的なものであった。この「坑夫自主年金基金」は、パトロナージュを原点にしながらも、それを政労使三者の協議からなる、本格的社会保険制度に発展させていったものとして、のちの社会保険制度全体のモデルとなる大きな意義をもっていた。[8]
しかし、フランスにおいては、この特権的な坑夫年金をほとんど唯一の例外として、パトロナージュに起源をもつ諸制度が、ドイツの社会保険制度のような形の総合的な「社会保障」制度へと発展することはきわめて難しかった。フランスにおいて、パトロナージュに起源をもつ諸制度が、総合的な「社会保障」制度へ発展していくことを阻んでいた主要な要因としては、次の二点を指摘することができる。第一に、パトロナージュに対する経営者の基本的姿勢である。経営者は、諸社会事業の実施にあたって、自分の企業への有能な労働力の定着という、パテルナリスム本来の目的を追い求め、国民経済規模での労働力涵養という視点に立つことがなかった。またさまざまな施策は、労働者の「権利」ではなく、あくまでも経営者の「恩恵」として理解されるべきもので、のちに検討するように、家族手当などの法的性格をめぐり、常に激しい議論が展開された。第二に、労働者の側の意識の未成熟さも指摘できる。たとえば、当時もっとも高水準の諸保障制度を維持していた炭鉱の坑夫も、上で検討した「坑夫自主年金基金」の設置にあたって、相対的に高い賃金水準にあった北部炭鉱地帯の坑夫が、全国一律の保険料拠出に強く抵抗するなど、パテルナリスムを基盤とする諸制度を、他業種あるいは他企業に対する自分たちの社会的「優越性」と捉える見方が依然として強かった(9)。したがって、社会保険制度を国民全体にわたる「国民的連帯」の手段として理解することは難しかった。むしろこの当時の労働運動に一般的にみられたものは、労働者からの拠出のない制度の創設か、国家による救済を求める傾向であった。

このように、労使双方ともに個別制度へのこだわりが強く、既存の制度の枠を越えた総合的な社会保険制度の創設を求める動きが脆弱ななかで、第三共和政期のフランスにおいては、総合的な「社会保障」制度の構想は、急進的共和主義派など、「社会問題」の解決を「政治」の領域において図ろうとする諸勢力を担い手とし、議会による立法活動を主導として進められていくことになる。

二　職業危険と労災補償制度

すでに述べたように、フランスにおける社会保障制度の展開においてきわめて重要な意味をもつのが、一八九八年に成立した労災補償法の成立過程をめぐる諸議論であった[10]。十九世紀後半、鉄鋼業など大型機械を多用する産業の発展とともに、大規模な労働災害が多発し、こうした災害に遭遇した労働者に対する補償制度の不備は早くから指摘されていた。すでに産業界の中心であった多くの炭鉱や鉄鋼業においては、多発する労災事故に対応し、また労働力確保の観点から、すでにふれたように、パテルナリスムの一環として労災補償の諸制度が次第に整備されていた。なかでも、つねに死の危険がともなう炭鉱労働に関しては、他産業とは異なる労災補償への対応が旧体制下以来とられていた。古くは一六〇四年五月の王令（l'édit royal）によって、炭鉱労働者に対する精神的・肉体的援助が掲げられ、また第一帝政期には、一八一三年のデクレによって、炭鉱経営者に労災の負傷者などに救済金を与えるための金庫の設置が義務づけられていた[11]。また十九世紀後半には、北部炭鉱地帯を中心にパテルナリスムの一環として、医療サービス・障害補償・寡婦への援助などを含む細かな救済制度が、企業側の働きかけによって次第に整備されていった。さらに労働者自身もさまざまな共済組織を作り、老齢年金や失業者への給付などを自前で行っていた。

炭鉱と同様に、労災事故が多発していた鉄鋼業においても、フランス鉄鋼協会が、一八九一年に「鉄鋼労災保険基金」（Caisse Syndicale d'Assurance Mutuelle des Forges de France contre les Accidents）を創設し、保険料を徴収し、加盟企業の労災死亡事故や重度災害の犠牲者に、基金から補償金を支払う制度を整備した。こうした炭鉱、鉄鋼業、さらには鉄道業において、パテルナリスムに基づく諸制度が整備・拡充されていく状況下で、第三共和政がようやく定着していった一八八〇年頃から政府部内にも、すでにみたような、先進的な鉱山業や鉄鋼業の経験を踏まえ、労働者全体を対象とする総合的社会保障制度の一環として、労災補償制度の創設を企図する動きが生じてきた。この動きの中心に位置していたのは、労災補償に関する法的不備とこの問題に対する新たな立法の必要性を強く説いていた、ナドー（Martin Nadaud）など左派共和主義に立つ議員たちであった。こうした状況のなかで、一八八〇年に国民議会に提出され、実に十八年間の審議を要して一八九八年に制定されたのが「労災補償法」[12]である。ただし、当時この法律は、包括的な社会保障法制の一環として位置づけられたものではなく、これまでの市民法原理では、労働災害の犠牲者に対する救済が十分に行えなかったという不備を補うための、特別の民事責任法として成立した。[13]しかも、一八九八年法は、その適用範囲を鉱山、建築業、動力機械を使用する事業等に限定しており、包括的な労災補償制度ではなかった。またこれらの産業は、いずれも最も早くから労働者に対するさまざまな「援助」「救済」措置を制度化していた業種であった。したがって、この一八九八年法の適用範囲は、そのままパトロナージュの非常にさかんであった業種・職域と重なっている。

この一八九八年法の特徴は、次の三つの点に認められる。第一に、労働災害に対する「職業危険」の概念を導入し、労災補償に関するこれまでの過失責任主義を排し、無過失責任主義を採った点。第二に、使用者に課せられた補償内容として「定率性の原則」を採用したこと。第三に、強制保険制度ではなく任意責任保険制度を活用したことである。

第一の特徴である「無過失責任主義」であるが、これまでの労災事故においては、民法典一三八二条および一三八三条の規定によって、不法行為によって損害を受けた被害者が加害者に対して損害賠償を請求できる要件として、加害者の「過失」（faute）の存在を必要とする過失責任主義が損害賠償の原則とされており、損害賠償請求を行うためには被用者側が使用者の過失を立証する責任を負っていた。しかもこの「過失」は、主観的なものとされ、主観的な不注意の存在の証明が損害賠償請求にあたっての要件とされていた。しかし、従来の手仕事に代わり、機械から発生した労働災害の原因を使用者の主観的な「過失」に求めることははなはだ困難であり、その結果、多くの被害者が、使用者側に「過失」の証明ができないため補償を受けられない状況が発生していた。

こうした事態に対して、二つの方向から問題の解決を図ろうとする動きがみられた。一つは、判例の積み重ねと民法典の枠内における解釈によって、使用者の安全義務の範囲を広く取り、労働者の安全に注意すべき具体的義務の懈怠をもって、使用者の「過失」とするやり方である。そしてもう一つが、労災補償に関する新たに立法を議会の場で行おうとするものであった。一八八〇年五月二九日、国民議会事務局で労災補償問題に関する最初の法案を提起したナドーは、労災補償問題に対する新たな立法の必要性を、近年の目ざましい産業発展と事故の増大に根拠付けて展開し、無過失責任に基づく完全補償義務を使用者に負わせる立法を提案した。[14] この労災補償立法をめぐる審議のなかでは、いくつかの法案が提案されたが、そこで共通に強調されたのは、現在の労災補償をめぐる状況が不公平であり、したがって新たな立法措置によってこの不公平な状態を改めなければならないとする点であった。

この労災補償に関する新しい立法の是非をめぐる最大の焦点は、市民法原理における「責任」の概念をどのように扱うかということであった。個人の意志と自律性を強調する従来の市民法原理では解決不可能な領域が本格的な産業社会の到来によって生まれようとしていた。そうした状況のなかで、この審議過程において登場してきたのが「職業危険」（risque professionnel）の概念であった。この「職業危険」の概念は、フォール（Felix Faure）が国民議会に提出した法案のなかで始めて提起したものであるが、それまで主として民法典の解釈に基づいてなされていた労災補償への対応、つまり労働災害に対する使用者の民事責任を契約上の責任ととらえる「契約責任説」が、単に「過失」の証明責任を転換することに止まり、迅速かつ確実な補償を必要としている労働者の救済になっていないことを批判して打ち出されたものであった。

この「職業危険」の概念について、フォールが国民議会に提出した新しい労災補償法案では、「労働者の蒙った損害の補償を使用者に義務づける一方で、その責任の範囲を正確に限界づける。労働者は時としてかなりの額になる損害賠償の利益をもはや裁判所の判決に期待することはできないが、必要な限界内で、かれに支払われるべき補償を確実に得ることができる」[15]とする考え方が示された。つまり、使用者は産業から必然的に生ずる「危険」によって労働災害が生ずる以上、自らの作りだした産業によってもたらされる危険から労働者を保護する「責任」を有する。しかし、使用者に真の意味での「過失」が存在しないこともあり、使用者の責任は限定的なものとすることが正当と考えられた。一八九八年法ではこうした「職業危険」の概念を根拠として、使用者は自らの「過失」の有無にかかわらず、労災により生じた被用者の損害を補償する責任を有することになった。この点は、労働災害をめぐる法的問題を、過失責任の領域から無過失責任の領域へ移し変えた点で、従来の市民法原理に対する重要な修正原理と捉えることができる。またここには「責任」を必ずしも個人だけに負わせるものとせず、社会全体で損益を分担しあう考え方が示されている。

第二の特徴である「定率性の原則」は、第一の特徴である使用者の無過失責任主義と接合して規定されたものである。つまり一八九八年法では、労災事件に関しては民事責任の一般法の適用を排除し[16]、この法律の適用を受ける被用者は、民法典に基づく通常の損害賠償請求をなすことができないものとした。これは労災をめぐる事情を複雑にしないため、二種類の請求権を認めないという法理であったが、これによって、使用者の負担すべき補償の範囲はかなり限定されることになった[17]。ここから使用者に課せられる具体的な補償内容・程度に関する「定率性の原則」が導かれた。すなわち、使用者が負担する補償とは、治療・葬式にかかる費用と、休業補償および年金を含む賃金保障の二つの部分からなり、前者は一定金額、後者は当該被用者の年間賃金や賃金日額に一定の比率をかけて産出するものとされた。この労災補償制度において定率性の原則が採用された理由は、使用者および被用者の「過失」の程度を具体的に証明することはきわめて難しいこと、さらに労災補償の性格上、迅速な決定、補償の実行が求められることがあげられよう。

第三に、労災補償に任意責任保険制度の活用が図られた点であるが、これは定率性の原則が採用されたことにより、使用者は補償に必要な額をある程度事前に予測できることと関連している。つまり使用者は、自己の判断と責任において、必要とされる補償費用を確保するものとされ、その方法は以前から存在する各種制度の活用に求められたのである。補償保険制度が本来意味をもつのは、補償責任をもつ者に支払能力がなく、労災にあった者が必要な補償を受けることができない事態を防ぐことにあるから、そうした事態を防ぐためには、補償責任をもつ者すべてが単一の保険に加入し、危険を確実に分有しあうことが望ましい。したがって、法案審議の過程では、補償金の支払いを確実なものとするため、強制保険制度の活用も当然検討されたが、元老院で反対意見が多数を占め[18]、結局採用されるには至らなかった。ここからは、個人の自己決定権の尊重と国家の生活保障領域への不介入を原則とする、十九世紀後半のリベラリズムがまだ大きな影響力をもち、使用者の危険負担に関する自己決定・裁量の原則を覆すものとはならなかったこと、そして、この労災補償制度が、すでに存在していた、企業を主体とするパテルナリスム的諸制度を否定するのではなく、それらの痕跡を多分に残存させて成立したことがわかる。

またこの一八九八年法「労災補償法」の制定とほぼ同時に、「共済組合法」[19]が制定されたことにも着目しなければばならない。この時期に、かつて厳しく弾圧された共済組合に対する評価が次第に変化し、ついに「共済組合憲章」ともよばれる法律が制定されたことは、強制保険の採用など社会保険の公的機関による一元的な管理のもと、社会政策を進める考え方よりも、「社会問題」の解決は、共済組合という私的任意団体に委ねるべきであるとするリベラリズム的政策指針が、当時議会内で依然としてかなりの勢力を占めていたことがうかがわれる。

一八九八年法は以上のような特徴を有するため、労災補償の義務を負った使用者は、危険の分散を図るため、多種多様な組織の利用や設立を行うことになった。それらのうち主要なものは、民間の保険会社と契約を結ぶもの、共済組合や補償組合（syndicat de garantie）の結成を図るもの、全国災害保険金庫（caisse nationale d'assurance en cas d'accidents）への加入、の三つであった。[20]

しかし、一八九八年法が成立すると、この法律の適用を受けない業種から適用範囲の拡大を求める声が強く出され、翌年にはすぐに改正が行われた。[21] この改正の主眼は、当時頻発していた農業部門における動力機械による災害を、労災補償制度のなかに取り込むことであった。この改正は、フランスにおける社会保障制度の一般化の経過を辿るうえで大きな意味をもつ、つまり従来パテルナリスムの活動外におかれていた農業部門に「社会保険」的性格をもつ制度がはじめて導入されたからである。

さらに、これ以後次々に適用される業種の範囲は拡大され、ついに一九三八年法では、業種を問わず、継続的な雇用関係の成立のみを保険加入の要件とすることになり、この法律は、雇用関係のあるすべての職場において適用されるようになった。[22] また損害賠償に関する諸条件や法思想の変容によって、定率性の原則にも若干の変更が加えられることになった。[23] さらに、一九一九年に制定された法律によって、労災補償の対象が労災事故にともなうものだけでなく、職業性疾病をも含むことになった。このようにして、一八九八年「労災補償法」とその後の法整備にともなう一連の立法化によって、フランスにおける労災補償制度は、その適応業種と保険によって対処する領域の広がりにおいて一応の完成をみることになる。

しかし、任意責任保険制度の活用など一八九八年法の基本原理には何ら変更が加えられることはなかった。[24] 第二節で検討していく、一九二八年社会保険法の議会での審議とも関連して、使用者の支払い能力を担保するための強制保険制度の導入も論議された。しかし、元来この労災補償制度は、無過失責任に基づく「責任」負担と引き換えに、使用者の負担軽減を図るという妥協のもとに作られたものであり、職場安全の確保の点からも、使用者個人の責任感を喪失させない制度が望ましいとされ、強引な強制保険の導入は、かえって制度の趣旨を曖昧にさせるとする意見が多数を占めていた。したがって、使用者は多様な保険制度を活用し自己の責任と裁量に基づいて危険分散を図ることが望ましいとされ、保険の管理運営に関する多元性は維持されつづけた。

このように、フランスにおける社会保障制度の嚆矢をなした一八九八年「労災補償法」は、当初適用される業種が限定されていたこと、また強制保険制度が採用されなかった点などに問題を残すものの、議会での長い審議を経て、職業上の身体的危機に対する包括的な「保障」を、「責任」論の転換をふまえて、これまでの諸原理に代わり「社会」保険の枠組みのなかで行っていこうとする広い意味での合意形成をもたらすきっかけとなった。そして第2章で考察したような、個人主義的諸原理を「連帯」の哲学によって修正し、人々に「保障」を実現する社会統制・制度デザインのあり方を具体的に模索する最初の契機となった。

またこの一八九八年「労災補償法」は、単一の金庫をもたず、パテルナリスムや共済組合を背景とする既存の諸組織を活用しつつ運営された点で、このあと生まれてくる各種社会保険のモデルともなり、またさまざまな形態の組織の並立状況によって下支えされる、フランス社会保障制度の構造的特徴をはっきりと示すものとなった。フランスにおいてこの労災補償制度のつぎに課題とされたのは、「労災補償法」の審議のなかで示された保険の「強制原則」に対する根強い抵抗をいかに克服して、労働者だけでなく広く国民全般に対する社会保険制度を形成していくか、またそのための制度原理をどこにみいだしていくかという点であった。

（1）François Ewald, L'Etat providence, Paris, Grasset, 1986, p.225.
（2）Ibid., p.226.
（3）フランスにおける労働者住宅の建設に関して、大森弘喜「第一次大戦前フランスにおける社会事業の組織化」権上康夫・廣田明・大森弘喜編『20世紀資本主義の生成――自由と組織化――』東京大学出版会、一九九六年。またミュールーズ方式による労働者住宅問題への取り組みに関して、吉田克己『フランス住宅法の形成――住宅をめぐる国家・契約・所有権』東京大学出版会、二七二頁以下を参照。
（4）Henri Hatzfeld, Du paupérisme à la Sécurité Sociale, 1850-1940, Presse Universitaire de Nancy, pp.112-113.
（5）Georges Picot, Un devoir social et les logements d'ouvriers, Paris, Calmann Levy, 1885.
（6）Ibid., pp.66-72.
（7）大森前掲論文一八頁。
（8）第三共和政期の坑夫運動について、大森弘喜「第三共和政確立期の坑夫の生活と運動」（遠藤輝明編著『国家と経済』東京大学出版会、一九八二年。
（9）H.C.Galant, Histoire politique de la Sécurité Sociale française 1945-1952, Paris, 1966, préface par P.Laroque, p.XIV.なお「坑夫自主年金基金」に関しては、第一次世界大戦によって北部の炭鉱地域は大打撃をうけ、全国一律の保険料拠出に反対していた北部の坑夫たちも国民的連帯の重要性を強く意識させられる結果となった。
（10）労災補償制度全般に関するものとして、荒木誠之『労災補償法の研究』総合労働研究所、一九八四年。また本章の構成全般にわたり参照した基本文献として、岩村正彦『労災補償と損害賠償　イギリス法・フランス法との比較法的考察』東京大学出版会、一九八四年。

（11）H.Hatzfeld, op.cit.,pp.112-113.

（12）Loi du 9 avril 1898 concernant les responsabilités des accidents dont les ouvriers sont victimes dans leur travail.

（13）加藤智章「フランス社会保障制度の構造とその特徴」『法学論集（北海道大学）』三五―三・四合併号（一九八四年）において詳しい検討がなされている。

（14）François Ewald, op.cit., p.229.

（15）岩村前掲書二一一頁。

（16）一八八〇年に国民議会で審議が始まって以来、難航していたこの法案を成立に導くため、労働者側だけでなく使用者側にとっても意義のある改正案を提示する必要性があり、その焦点となったのが、この民事責任の一般法の排除原理であった。岩村前掲書二二〇頁以下参照。

（17）この点に関して、本法案の趣旨を巧みに説明したものとして、次のような元老院報告がある。「本法は二当事者間の妥協以外の何ものでもない。すなわち、今日自分たちが有していない安全を得るために使用者は保険料を支払い、労働者は発生した損害の不完全な填補を常に得るのである」（岩村前掲書二二四頁）

（18）この法案の審議中、元老院議員のリベローが、この法案を「普通法に対する新規な法」を意味するものとして強く抵抗したことによく示されている。H.Hatzfeld, op.cit., pp.43-45.

（19）Loi du 5 avril 1898 relative aux societes de secours mutuels.

（20）使用者が保険への未加入あるいは業績の悪化によって労災補償金を支払えない事態に対応するための組織として、この法律の適用を受ける業種の企業が分担金を負担する保証基金（fonds de garantie）が設立された。

（21）Loi du 30 juin 1899 concernant les accidents causés dans expoitations agricoles par l'emploi de machine mues par des moteurs inanimé.

(22) 定率補償制度の修正をめぐる詳しい議論について、岩村前掲書二八二頁以下を参照。

(23) Loi du 25 oct. 1919 etandant aux maladies d'origine professionnelle la loi du 9 avril 1898 sur les accidents du travail.

(24) 労災補償に関する使用者の公的保険機構への加入が義務化されるのは、第二次大戦後の一連の制度改革のなか、一九四六年一〇月三〇日法による。

第二節　包括的社会保険への歩み

一　一般的社会保険の導入

労災補償制度が、良質な労働力の確保という産業界の要請からもいち早く整備されたのに対して、老齢や疾病などさまざまな身体的危機に対する公的保険制度は、第一節で考察したように、パテルナリスムの一環としていくつかの業種において制度化されていたにすぎなかった。十九世紀半ばには、リヨンの絹業労働者に代表されるように、労働者自身が貯金金庫や共済的互助組織を作り、老齢年金を支給する制度もすでに各地に誕生していた。しかし、こうしたかつての職人組合に類似した組織に対し、それらが政治的抵抗組織と化すことを恐れた政府は、「団結禁止法」などを手段として、これらを厳しい監視下に置いた。フランスにおいて国家が関与する公的保険は、第一節でもふれたように、一八五〇年に創設された老齢年金全国金庫（Caisse nationale des Retraites pour la Vieillesse）を嚆矢とする。この組織は、会員の継続的な払い込みにより終身年金基金をつくり、その利子分を終身年金として支給するものであった。この保険は、比較的高い利率を提示したので、企業でも老齢年金を補完するものとして労働者を加入させるものがあった(1)。しかし、労使双方を拠出者とする社会保険制度は、坑夫を対象としたものなどごく一部を除いて二十世紀初頭まで存在せず、国家の活動は、個人が共済組合などさまざまな救済組織に加入することを前提とした補完的なものにとどまっていた。

しかし、十九世紀末以来、社会主義諸勢力の議会内進出とも相互に関連しながら、「社会問題」が政治問題として大きく登場してくる状況下で、二十世紀初頭には従来の救貧政策とは異なる範疇としての「社会保障」が次第に議論されていくようになる。こうした議論の背景には、労災補償だけでなく老齢年金や疾病保険などを含む社会保険制度が、共済組合および企業のパテルナリスムに基づいて、炭鉱・鉄道などはもとより公務員の間にも組織化されていったこと、さらに隣国ドイツの社会保険制度の影響も無視できない。しかし、自助努力と国家の生活領域への不介入を原則とする十九世紀後半のリベラリズムにとって、国家ないしは公的組織に基づく個人の生活保障という発想は唾棄すべきものであり、「社会保障」制度をフランスに導入するためには、こうしたリベラリズムを克服する論理を、あくまでもフランス的共和政の原理に則して提示する必要があった。それは第2章で述べたように、「友愛」(fraternité) の原理を具体化するものとして、第三共和政期において大きな役割を演じることになる「社会連帯」主義運動の政治社会における浸透と密接に関連していた。

十九世紀末から二十世紀初頭にかけてフランスでは次々と公的扶助立法が進められていく(一八九三年七月一五日「医療扶助法」、一九〇四年六月二〇日「児童扶助法」、一九〇五年七月一四日「社会扶助法」)が、この背景には、これまでの共済組合等諸団体内における相互扶助に代わる、国民的規模での「社会連帯」観念の浸透があった。これまでパテルナリスムを進めてきた経営者や、それを批判しつつもその恩恵に浴していた労働組合にも、財政上の理由から何らかの公的制度導入の意義が意識されはじめていく。労働総同盟(C・G・T)は、一九〇一年の大会において、「民主的政府の第一の義務は、勤労者の生活を保障することにある」と宣言して、労使間の協議を柱にすえながら

も、当時議論の中心であった退職年金制度を実現するためには、公的権力の関与も避けられないことを認識していた。(2)

さらに国民議会に新しく設けられた社会保障・保険委員会（la Commission d'assurance et de prévoyance de la Chambre des Députés）は、一九〇二年一二月五日に今後の「社会保障」のあり方について次のように述べている。(3)「委員会は、社会連帯（solidarité sociale）にかかわる業務を共和国の義務と考える」「社会連帯は、法で定められた個人の権利を容認する点で、また諸個人にその権利を実現する法的手段を与える点において慈善（charité）とは本質的に異なる」「社会連帯の原則は二つの区別される実現手段によって統制される、すなわち「保険」（assurance）と「扶助」（assistance）である」下院社会保障・保険委員会は、このように、社会連帯を実現する手段としての「保険」と「扶助」を明確に区別し、「保険」は「すべての国民に、諸個人の資源（ressources）に基づいて、老齢・廃疾年金を確かなものにする手段をつくりだすこと」であり、「扶助」は「なんらかの理由によってすべての資源を欠いている老人や廃疾者に、国民の厳粛な義務としてそれを援助するために介入すること」である、と規定している。

二十世紀の初めに、従来の慈善事業とは異なる社会立法・社会事業の必要性と、その制度的位置づけがこうした形で確認されていったことは、この二つの制度を手段とする生活保障領域への国家の介入の「義務」と国民の「権利と義務」の主張が、「社会連帯」の観念の浸透によって、十九世紀後半のリベラリズム隆盛を克服して、議会内でも支配的イデオロギーに成長しつつあったことを示すものと考えることができる。こうした状況の変化が、一九〇五年の「社会扶助法」(4)やこれから検討していく一九一〇年の「労働者農民老齢年金保険法」へと結実していくのであった。

なかでも一九一〇年に制定された「労働者農民老齢年金保険法」(5)は、フランスにおける社会保険のあり方として画期的なものであった。しかし、一九一〇年法はその成立に至るまで長期間を要し、しかも結果として当初法案が目指したものとは程遠い状況しか生み出し得なかった。(6) のちに検討していく一九二八～三〇年「社会保険法」がなぜ制定されなければならなかったかを考えるために、まずこの一九一〇年法の形成過程とその概要を検討していくことにする。

労働者に対する老齢年金の必要性そのものは、十九世紀の初めから指摘されていたが、老齢年金法案が最初に議会の労働委員会に提出されたのは一八九一年であった。この法案は被用者・使用者・国家の三者からの拠出金によって年金を運営することなどを目的とした、ドイツなどですでに実施されていた近代的社会保険の原則に沿ったものであった。その後審議は停滞したが、「社会問題」への対処が大きな争点であった一八九三年の総選挙後に国民議会に新設された社会保障・保険委員会は、それまでの審議をふまえ、一八九六年に委員会報告を下院に提出した。しかし、この法案は、フランスでは共済組合など任意の保険制度が発達していることを理由として、強制保険制度の適用には消極的な議会によってほとんど審議がなされないうちに、議論の焦点が第一節で検討した労災補償法問題に移るなかで挫折していった。

一八九八年選挙後に成立したワルデック・ルソー内閣のもと、一九〇〇年に初めて完全な強制保険制度の原則に立つ老齢年金制度に関する社会保障・保険委員会報告が提出された。この報告およびそれをもとにした法案草案は、老齢年金の実現を求める議会外の意見を反映し、かなり大規模な給付規定を盛り込んでいたため、国庫支出の増大による財政破綻を恐れる政府の強い反対によって、法案は数度の修正を余儀なくされた。そして最終的に提出された一九〇二年法案に対しても、下院は態度を明らかにしないままであった。結局この老齢年金法問題は、第三共和政下最大の政治課題であった政教分離を争点にした一九〇二年選挙後に、急進社会党を中心として成立したコンブ内閣の下で、ようやく新たな展開をみせることになる。

すでに述べたように、下院社会保障・保険委員会は、この時期に「扶助」とならんで「保険」を社会連帯のための重要かつ不可欠な手段として明確に位置づけ、その受給権を「権利」として構成することについては議会内の合意を取り付けるところまできていた。そうした状況のなか、政権の中枢を占めていた急進社会党は、最大の政治課題である反教権闘争のため、もう一つの重要な政策の柱であった社会立法の推進に関しては大幅な妥協をも厭わない方針に転換したのであった。[7] その結果一九〇四年に下院に提出された老齢年金法案は、国庫支出分を減額するなど多くの修正を受けたのち、一九〇六年二月になってようやく下院を通過した。

下院を通過した老齢年金法案は、保守的な元老院の反対によって、またしても停滞を余儀なくされた。元老院に法案に対する反対の空気が強かった最大の理由は、強制保険制度の採用という法案の根幹にかかわる部分であった。しかし、「政教分離法」の成立を受けた一九〇六年総選挙で急進社会党を中心とする左派ブロックが再び勝利し、同年一〇月にはクレマンソー内閣が成立するに及んで、元老院もこの老齢年金法案に対する何らかの対応を迫られることになった。この内閣から新設された労働・社会保険省（Ministére du Travail et de la Prévoyance sociale）の長官に就任したヴィヴィアーニ（Viviani）は、老齢年金法案の成立に奔走し、結果的に元老院も一九一〇年四月の総選挙を直前にひかえた一九一〇年三月にかなりの修正を加えたうえでこの法案を採択した。[8] 国庫負担分の拠出方法など細部については政府と対立もあったが、総選挙直前の同月末下院もこの法案を受け入れ、老齢年金法案はついに成立した。

このように法案審議が長びいた最大の原因は、「強制加入」の是非をめぐる議論が容易に決着しなかったことによる。労災補償法の審議でも主張されたように、当時のリベラリズムの観点からは、「強制加入」は、労働者の貯蓄の自由を害し、すでに存在する共済組合等による相互扶助システムを破壊するものであり、そもそも国家が権威的性格をもつドイツとは異なる政治社会原理をもつフランスに、こうしたドイツ風の制度は不向きとするものだった。これに対して、「強制加入」の推進者たちは、「社会連帯」の手段としての社会保険の観念によって、次のように「強制加入」を根拠づけしようとした。第一に、「強制」は決して私的自治の原則を脅かすものではなく、租税や兵役と同じく「社会の利益と個人の利益によって課される強制」にすぎない。第二に、社会構成員は、無保障(imprévoyance)でいる権利と自由をもたず、生活保障の用意(prévoyance)をすることは、社会に対する権利であり義務である。第三に、強制的拠出は、将来それらが退職年金の形で還付されることからして、労働者の財産権を侵害することにはならない、とするものであった。[9]

こうした議論のなかで、さまざまな紆余曲折を経ながらも、法案が最終的に成立したのは、すでに述べたように「社会連帯」の理念を掲げた急進社会党を中心とする左派勢力が国民議会を制したからであったが、着目しておかなければならないのは、「社会連帯」の観念によって「社会問題」の解決を目指した政府・議会指導部に対して、労働組合や各種共済組合はむしろこれに強く抵抗したことである。この点は、のちにふれるようにこの一九一〇年法が「強制保険」としては結果的に挫折する大きな原因であった。

このような議論を経て成立した「労働者農民老齢年金法」の特徴は、次の三点にある。第一に、他の公的年金制度に属していないすべての被用者を対象とした初めての強制加入制度を導入している点。第二に、年金の財源として、労使が拠出する保険料に加えて国庫負担を加えている点、第三に、制度の管理運営が単一の中央金庫に統一されず、制度の運営をきわめて複雑なものとした点である。

まずこの老齢年金法の最大の特徴は、フランスにおいてすべての被用者(年収五千フランを越える者を除く)を対象とする最初の社会保険制度であること、しかも年収三千フラン以下の者に対しては、強制的に保険への加入を義務づけたところにある。しかし、現実には強制加入の対象者でありながら、保険料徴収システムに主として起因する未加入者が多く、結局この一九一〇年法が十分に機能しない最大の原因となった[10]。第二の特徴である年金の財源については、被保険者の給与からの源泉徴収による拠出に対して、使用者は同額の拠出を行うこと、またこの保険料は積立方式で運用され、国家は被保険者が六十五歳の年金受給年齢に達したのち、毎年定額の国庫給付を与えることになっていた[11]。

第三の特徴である、制度の管理運営の多元性について、法案の審議過程では単一中央金庫の創設も検討された。しかし、被保険者の加入すべき管理運営組織の決定は被保険者の自由な選択権を尊重すべきであるという意見が元老院だけでなく下院にも根強く、結局老齢年金全国金庫や各種共済組合など既存の組織が管理運営組織として活用されることになった。したがって、強制保険制度の対象者が確実に保険に加入しているかどうかを包括的に把握することはきわめて難しかった。この点も一九一〇年法が目指していた成果を十分に上げられなかった要因と考えられる。

このように長い審議を経たうえでようやく成立した一九一〇年「労働者農民老齢年金法」であったが、年金額が老後の生活を確実に支えるには程遠いものであったこと、さらに保険料の徴収とくに遠い将来のために拠出分を賃金から源泉徴収されることに強く反対していた被用者の消極的抵抗[12]によって、国民議会での審議で繰り返し強調された「社会連帯」の手段としての社会保険制度の意義は十分に浸透することなく、制度としては未成熟なままに終わってしまった。具体的には制度の実施から二年を経た一九一二年でも、法の予想する適用対象者千二百万人中、実際の加入者は二百五十六万人に止まっていた[13]。このようにすべての国民を対象とする強制保険制度を導入した一九一〇年老齢年金法は、使用者だけでなく、その恩恵を受けるはずの労働者からも積極的支持を得られず、実質的には任意保険制度としてしか機能しなかったのである。

二　一九二八〜三〇年「社会保険法」

一九二八〜三〇年「社会保険法」は、こうした一九一〇年法の欠陥を反省し、また第一次世界大戦という未曾有の経済・社会構造への衝撃をふまえたうえで構想されたものであった。とくに第一次世界大戦後、フランスの社会保険制度充実への大きなきっかけとなったのは、ヨーロッパで最も早く成立したドイツの社会保険制度のもとにあったアルザス・ロレーヌが、戦後フランス領に編入されたことであった。このアルザス・ロレーヌでは、すでに医療・労災補償・廃疾・老齢などに対する各種社会保険が整備されていた[14] (loi sur l'assurance maladie du 15 juin 1883, Législation sur les accidents du travail du 6 juillet 1884, sur l'assurance invalidité-vieilesse du juin 1889, etc.)。アルザス・ロレーヌですでに実施されていたこうした諸社会保険を、フランス全体の社会保険制度の枠内にどのようにして位置づけていくのかは、第一次世界大戦後のフランス社会保険にとってきわめて大きな課題であり[15]、社会保険の早期制度化を促進する大きな要因となった。

このように、第一次世界大戦後、早急な社会保険制度の整備の課題を背負ったフランス政府において、社会保険制度化の立役者となったのがミルラン（Alexandre Millerand 1859-1943）であった。第一次大戦直前に暗殺されたジャン・ジョレスとならぶ独立社会主義者の中心人物であったかれは、社会主義諸会派の大同団結を目指した一八九六年のサン＝マンデ綱領のなかで、社会主義諸会派共通の政策課題として社会立法の推進を掲げるなど、当初から社会保障・保険の拡充を大きな政治課題に掲げていた。そして、すでにみた労災保険法案など各種社会立法の審議などでも、立法化促進の立役者として活躍し、急進社会党を中心とする左派ブロックの伸長のなかで、かれ自身も第三共和政の主要閣僚の一人に成長していく。一九一〇年「老齢年金法」を議会に提出したワルデック・ルソー内閣でもかれは商工大臣を務めていた。大戦中陸軍大臣も務めたかれは、戦後一九二〇年に首相となり、デシャネル大統領の病気辞任を受け、一九二〇年から一九二四年まで共和国大統領となった。かれは、アルザス・ロレーヌ地方の高等弁務官の経験をもち、ドイツの社会保険制度にも精通していた[16]。こうしたかれの経歴は、戦後フランス政治の重要政治課題に社会保険の包括的制度化を押し上げていくうえで大きな役割を果たした。

一九二八年「社会保険法[17]」の計画案は、このミルラン内閣のもとで作成に着手されたのである。政府が議会に提出しようとした法案には、ドイツ社会保険制度の大きな影響もあり、強制保険・単一金庫主義など、一九一〇年法で達成されなかった課題を含む大胆な改革が盛り込まれていた。しかし、一九二一年にこの法案が議会に提出されると、一九一〇年法の欠陥の本質と責任をどこに認めるかなどで活発な議論が展開され、長期間にわたる審議を余儀なくされた。

一九一〇年法をめぐる最大の論争点は「強制原則」の是非であった。しかし、この「社会保険法」の審議においては、一九一〇年法の審議においてみられたような「強制原則」そのものをめぐるイデオロギー的論争は極力避けられ、社会保険は、孤立した個人の利益のためだけではなく、個人が所属する「社会」の保護のために制度化するものであり、個人の自由を直接に侵害するものとならない範囲においては、その充実が国民全体の目指すべき課題であるとする認識が少なくとも国民議会においては幅広い「合意」を得るまでになっていた。そうした状況のなか、「個人的生活保障」に立脚する社会保障制度は、制度の分権化と自治、当事者の管理・運営への参加によって「強制のなかの自由」(liberté dans l'obligatoire) を実現する、という論理によって、これまでの議論における最大の論争点である「強制原則」を新制度の大原則に据えようとしていた。ここには、一九一〇年法の挫折をもたらした、リベラリスムと社会集団の反国家的意識を何とか社会保障制度の原理に包摂する試みが示されているといえる。[18]

そこで問題となってくるのは、新しい社会保険制度をいかにして諸社会集団の抱いている反国家主義に適合する形で具体的に制度化するかであった。ここで注目されるのが、議会内の左派共和主義者グリンダ (M.M.Grinda) によって、一九二三年一月に国民議会に報告された社会保険委員会の報告である。[19] この報告の要旨は、政府が当初盛り込んだ「単一金庫主義」を共済組合団体の主張を取り入れて修正し、「共済組合的原則」を導入しようとするものであった。この共済組合主義原則の中心は、保険機関への加入に際して、各自に「金庫選択の自由」を与え、さらにすでに各種共済組合に加入している者については、共済組合金庫への加入を原則とするものであった。つまりこの「金庫選択の自由」は、社会保険が国家行政機構によって直接管理される「国家主義」(Etatisme) を避けるとともに、共済組合活動を「強制保険」とはまったく無関係で完全な自主的組織として存続させるのではなく、「強制原則」を前提とした一つの「非国家的」な社会保障制度のあり方として提示されたのであった。

一九二四年に国民議会は、この委員会報告を基礎とした法案を通過させたが、元老院はこの法案の成立に難色を示し、以後法案成立に至るまで国民議会は、元老院との折衝を執拗に続けていくことになる。また議会外では、この法案の早期成立を求めていたC・G・Tが活発な運動を展開し、議会に圧力をかけ続けた。[20] そうした過程のなかで、法案はむしろ当初の政府案により近い形に修正され、一九二七年七月七日に元老院で採択された。以上のような長い審議と妥協を経て、この法案は最終的に国民議会によって、一九二八年総選挙を直前に控え、各政治勢力とも事態の収拾のため妥協を急いだ一九二八年三月一四日に四百四十七対二という圧倒的多数で可決成立した。[21]

一九二八年法の特徴は、次の三点に要約することができる。第一に、強制保険制度を採用したこと、すなわち年間所得一万八千フラン以下の被用者すべてを対象とし、疾病・廃疒・老齢・死亡・出産などに対して給付を行うものとした。第二に、最大の懸案であった「保険の統一」すなわち単一金庫を創設したこと、第三に、保険の三者（使用者・被用者・国家）負担の原則を確認したこと、すなわち労使は保険料として被保険者の賃金の五パーセントずつを同額で負担し、国家は制度の管理運営費用を負担するほか、一九一〇年法で強制加入の対象となった被保険者に対する年金給付を行うものとされた(22)。

こうした制度枠組みをもつ社会保険改革のなかで、一九二八年法の一九一〇年法との最大の違いは、「保険の統一」の概念を導入したことである。この「保険の統一」には二つの意味が含まれており、第一に、さまざまな身体的危機に対して個別に対応する保険を創設していくのではなく、それらを包括的に一つの保険のなかで保障していこうとする考えであり、第二に、制度の管理運営の統括を単一の金庫に担わせ、社会保険全体のシステムを国家レベルで把握しようとするものであった。しかし、この第二の点に関しては、金庫の自主運営を主張する共済組合などとの調整を図るなかで、全国を二十から二十五に分割し、それぞれに設けた地方金庫が、包括的にその地方の社会保険業務を取り扱うとする、当初の政府案は大きく後退し、結局各県に一つずつ県金庫を設置することになり、全国を二十から二十五の地方に分割する案に比べて、保険の最大の利点であるスケールメリットが必ずしも発揮できないものとなった。

こうした特徴をもつ一九二八年法は、一九三〇年二月五日から実施される予定であった。ところが、法案が議会を通過した直後から各方面で大きな反対運動がおき、法の執行が延期される事態に発展していく。この一九二八年法に対する強力な反対運動は、主として二つの勢力によって展開された。一つは、医師会や共済組合を中心とするものであり、もう一つは、保険料負担の増大を危惧する経営者団体によるものであった。このことは、立法過程において「国家主義的」性格を否定し、常に「共済組合的」であるとされたこの法でさえも、議会外の諸社会団体にとっては、これまでの伝統に反する「国家主義的」強制として理解されたことを物語っている。

そのなかで最も激しい運動を展開したのが医師会である。伝統的自由医療の原則（医療行為は医師と患者の個人的信頼関係のうえに成り立つ、したがって、医師の選択や診療報酬の決定に対して公的機関が介入すべきではない）を堅持しようとした医師会は、一九二七年に医療憲章（Charté medicale）を採択し、この原則を一九二八年法に持ち込もうとした。この医療憲章は、⑴患者による医師の自由選択、⑵医療従事者の守秘義務の厳守、⑶診療や治療方法の自由、⑷医師と患者の直接契約、診療報酬の直接支払いなどを含むものであった。[23]しかし、一九二八年法では、⑴医師の選択に関してはあらかじめリストに掲載された者のなかから選ぶこと、⑵診療報酬の取決めは金庫と医師団体のあいだの集団協約による、⑶被保険者は、医師の診察を受ける場合には社会保険金庫から交付される受診券を医師に提示し、受診料は後日金庫より医師に支払われることになった。これに対して、医師組合（Confédération des Syndicats Medicaux Français）を組織し、あくまでも自由医療を主張する医師たちは、一九二八年法の実施阻止を目指して活発に活動した。

さらに、各種共済組合も既得権益が単一金庫の創設によって脅かされることを恐れ、また教会勢力も金庫設立の自由を掲げて反対運動に加わった。当時、各種共済組合は一八九八年の「共済組合法」による正式な法制化を受け、地域によってばらつきはあるものの、積極的な組織活動によって保険加入者を増大させており、地域社会において大きな政治的影響力をもつ担い手に成長していた。

一九二八年法に対するもう一つの強力な反対は、保険料の負担増を危惧する経営者から起こった。とくに農業部門の使用者は、農業の生産性の低さを理由として、農業部門に対する特別制度の創設を強く主張した。また商工業部門では、保険料負担の増大が国際競争力の低下を招き、ようやく上向いてきたフランス経済全体にとってむしろマイナス要因となると主張したが、じつのところ経営者は、これまでパトロナージュの形で行われてきたさまざまな制度がこの包括的社会保険の創設によってその意義を失い、ひいては経営権の地位低下につながることを恐れていたのであった。

さらに労働勢力も全面的に一九二八年法を支持していたわけではなかった。政府案を積極的に支持したC・G・Tに対して、とくに統一労働総同盟（C・G・T・U）は、保険料の負担が過重であること、国家負担の割合が少ないこと、肝心の失業保険がないことなどを理由として一九二八年法にはきわめて否定的であった。[24]

こうした反対運動の渦のなか、事態の収拾に失敗した政府は、この法律を実際に執行する以前に法の修正案を議会に提出し、その成立によって一九二八年法は実際には執行されることなく、次に成立した一九三〇年修正法にそのまま引き継がれることになった。[25] 一九二八年法がこうした事態を引き起こした原因は、ドイツの社会保険に範を取った包括的社会保険プランに対して、「保険」で対処する範囲をどこまでとするか、管理運営組織の多元性をどこまで認めるかに関する議論が議会内では一応の解決が図られながらも、「社会」レベルにおいては大きな抵抗を受け、結果的に広範な支持を得られなかったところにある。

こうした状況のなかで、一九二八年法を修正する形で成立した一九三〇年法[26]は、一九二八年法の基本枠組みは維持し、さらに家族扶養、失業に対する給付を加えたもの[27]であったが、同時に一九二八年法最大の特徴であった「保険の統一」原則への大幅な修正をほどこしたものとなった。すなわち第一に、農業部門の特別制度を設けたこと、第二に、単一金庫の原則を改め、各種金庫の並存状態を承認したこと、第三に、財源調達方式を二本立てとし、疾病・出産・死亡には賦課方式を、廃疾・老齢には積立方式を採用した点である。

とくに各種金庫の並存状態を承認したことは、一九二八年法最大の特徴であった「保険の統一」および普遍的な社会保険制度の導入という、当初の政府の意図に対する諸勢力の反対がいかに強力なものであったかを示すものであった。すなわち一九三〇年法は、共済組合、労働組合、経営者団体、教会がそれぞれ金庫を設立することができ（これらの金庫は県金庫と区別して、類似金庫（caisses d'affinité）とよばれた）、被保険者は各自の選択によってこれらの類似金庫のいずれかに加入することができるものとした。そして県金庫には、これら類似金庫のいずれにも加入しなかったもののみが加入することになった[28]。しかも財源調達方式が二本立てとされたことに関連して、県金庫は疾病・出産・死亡に対する給付のみを扱い、県金庫加入者の廃疾・老齢に対する給付は、老齢年金全国金庫が管轄することになった。したがって、県金庫の役割は限定され、包括的な社会保険の運営主体とはとてもなり得なかった。また県単位でさまざまな金庫が併存するきわめて複雑な状況が惹起されることになり、保険運営上の効率性にも多くの問題を残すことになった。

一九三〇年法をめぐるもう一つの大きな変化は、社会保険財源に対する国家の支出が大幅に増大した点である。保険料の三者（使用者・被用者・国家）負担および労使同額負担の原則には変化がみられなかったが、激しい国際経済情勢に配慮して国際競争力の低下を防ぐ目的と、労働者層からも支持を取り付けるために、労使の保険料負担を軽減し、制度運営に関する費用を国庫負担としたほか、新たに設けられた農業部門への制度間調整の補填として多額の補助金が投入されることになった。

しかし、国家負担の増大を主張する統一労働総同盟などの諸勢力も、保険料積立が軍備拡充の原資に流用されているとする従来からの批判もあって、社会保険の国家管理や国営化を主張することはなく、むしろ社会保険は、社会連帯の重要な手段としてあくまで国家の干渉を排除し、自律的に運営することが望ましいとする立場に固執していた。また反対に、極力国庫支出を減らすべきとする主張も、制度間調整など各種社会保険制度が自律的に運営できるようになるまでの過渡的方策としては、社会保険への国庫負担も必要であるとしていた。したがって、制度の対象範囲が拡大するにつれて増大する国庫負担の削減に関する一九三五年の改革をめぐって、激しい議論も展開されたが、(29) 社会保険制度の自律的な運営というフランス社会保険の原則に関する合意は、一九三〇年法の制定およびその後の議論のなかでむしろ定着していったと考えることができる。

このようにドイツなどの社会保険制度を導入して、単一金庫制度に基づく普遍的な社会保険制度の実現を目指した一九二八～三〇年「社会保険法」も、自律的社会保険制度の原則を維持しつづけようとする諸勢力によって大幅な変容を余儀なくされた。しかし、そのような諸社会集団に対する妥協を含みながらも、非雇用者をも含む一般的社会保険制度が結果的に実現したことの意義はやはり強調すべきであろう。この一九三〇年法成立の翌年に、ピエール・ラヴァル (Pierre Raval) は次のように語っている。「精神の進化 (évolution) は、法に対する批判の転換の形ではっきりと示されている。人々は社会保障の原則に対してでなく、その適用のあり方について異議を唱えているだけだ。推進力となる考え (L'idée-force) は前進した。今日では偉大な社会改革がかつて激しく反対した人々によっても受け入れられている(30)」。

この一九二八～三〇年法を実現させた最大の原動力は、社会保障問題をめぐり国民議会において主導権を握っていた左派共和主義者たちであった。かれらは、保守主義的「リベラリスム」に立つ議員を多く抱えた元老院の抵抗を排して立法化を推し進めた。しかし、かれらが一連の社会立法にかかわって果たした最も重要な役割は、当初「国家主義的」と評された政府＝官僚機構の構想と、これまでの自律的組織による私的自治的生活保障を原則とする諸社会団体の構想とを、「共済組合的」構成によって妥協させ、それを社会保障制度のフランス的特質として定着させたことであった。

三　家族手当

一九二八〜三〇年「社会保険法」の成立によって、第三共和政期の社会保障制度は一応の完成をみることになるが、この一九二八〜三〇年「社会保険法」は、これまで述べてきたように、もともと第一次世界大戦後ドイツの社会保険から強い影響を受けて企画・制定されたものであった。それに対してこれから検討していく家族手当は、フランスにおけるパテルナリスムの伝統のなかから生まれ、それが後に顕著となる人口政策上の観点から俄然注目を集めるとともに、第二次大戦後本格化していくフランスにおける社会保障制度の「一般化」のさきがけともなっていく点で重要な意味をもっている。

フランスにおける家族手当の起源は、十九世紀末から二十世紀はじめにかけて一部の企業で行われはじめた、労働意欲の奨励もしくはキリスト教的な道義的意図に基づいて家族持ちの労働者に家族手当を支給する慣行に求めることができる(31)。こうした慣行が成立した理由としては、労働者の勤労意欲を向上させることに主眼があったが、それだけでなく、第一次世界大戦後それまで工場労働に従事していた多くの婦人たちが家庭に戻り労働力不足が生じたこと、さらに革命的労働運動の伸長を抑えようとする意図なども関連していた(32)。

こうしたなかで、各企業において家族手当の支給が飛躍的に増大するきっかけとなったのが、一九一九年にエミール・ロマネ（Emile Romanet）が考案した「家族手当補償金庫」（Caisse de compensation des allocatios familiales）である。それまで家族手当は各企業のまったく自主的な裁量によって支払われていたが、この金庫は家族手当支払いに関して競争関係にある企業間の負担を平均化することを目的とし、地域あるいは業種ごとに設置された家族手当補償金庫に対して、加盟企業はその雇用する労働者数に比例して拠出金を払い込むものとした。したがって、労働者は直接経営者からではなく、家族手当補償金庫から家族手当を受給する仕組みができあがった。この家族手当補償金庫が普及することによって、家族手当受給対象労働者数は一九二〇年代には激増することになる。[33]

しかし、この家族手当の法的性格をめぐってはさまざまな考えが生まれた。経営者は家族手当を「好意ある特別手当」(des gratification bénévoles) とし、これを賃金の一部として捉えることには強く反対した。また元来経営者団体である家族手当補償金庫も、一貫して家族手当を労働契約に基づく賃金の一部と見なすことを否定した。これに対して、労働者側の一部には、家族手当に付加賃金 (sursalaire) という名称を与えて、これを基本的賃金と不可分のものとして位置づけようとする動きがみられた。[34] しかし、労働者側の多数勢力は、そもそもパトロナージュの性格をもつ家族手当を、経営者の労働者に対する恣意的支配の手段ととらえ、家族手当を労働の代償の一部とみなすことには終始反対し、むしろ労働の実績とは無関係な公的福祉給付としての家族手当の創設を訴えていた。[35]

こうしたなかで政府は、公務員に対する家族手当支給に取り組むなど家族手当の拡充を推進していたが、一連の社会保険整備の一環として、一九三二年に「家族手当法」を成立させた。この法律は「工業的、商業的、農業的職業、もしくは自由業において、年齢および男女を問わず労働者または職員を常時雇用する企業主は、それら企業間で設置される補償金庫、または労働大臣が認めるその他の組織に加入する」ことを義務づけた。すなわち、使用者はこれまで任意であった家族手当補償金庫への加入が義務づけられ、十六歳までの子どもを扶養する労働者に、この金庫から家族手当が支給されることになった。[36] 家族手当の財源となる拠出金 (cotisation) は、従来同様使用者の負担とされ、制度の管理運営もこれまでの補償金庫が当たることになった。したがって、この一九三二年「家族手当法」は新たな制度を創設したものではなく、企業間の自主的協定であった家族手当補償金庫への加入を法制化したものであった。その意味で一九三二年「家族手当法」は、本来私的性格をもっていた機関を法制化によって公的性格をもつ機関に変更させた点で、公権力の及ぶ範囲を議会の立法によって拡大しようとしたものととらえることができる。

すでにみたように、労使双方ともに家族手当の意義は認めつつも、その法的性格をめぐって両者の間に厳しい対立がみられた。しかし、そうした対立にもかかわらず、この一九三二年法が成立した背景には、次のようなことがあげられる。第一に、家族手当を、扶養家族をもつすべての被用者に平等に支給することによって、家族手当受給者と不受給者との間の格差を是正すること、第二に、激しい国際的競争のなかで、国内における企業間競争を緩和させること、このためには立法化によって金庫への加入を全企業に法的に義務づける必要があったこと、第三に、人口政策上の課題、つまり当時のフランスが抱えていた低出生率と、それにともなう将来の労働力不足を防ぐためには、家族手当の受給者拡大が効果的であると考えられたこと[37]、である。

議論の焦点であった家族手当の法的性格については、この法律が労働法典の「賃金」の項に「家族手当」として挿入されたこと、また一九三二年七月二日の破毀院判決のなかで、「家族手当は賃金の付加物（un complément du salaire）であり、賃金の性格をもつもの[38]」と判示されることによって一応の決着がつけられた。しかし、この家族手当の法的性格をめぐっては企業側からの反論も根強く、また労働側も家族手当は労務の提供とは関係ない、「集団社会」（collectivité）が組織しなければならない社会サービス（services sociaux）であるとする主張も引き続きみられた[39]。

家族手当をめぐる情勢は、一九三〇年代後半にはいりフランスにおいて人口問題が急浮上することによって大きく変化する。一九三五年に死亡数が出生数を上回り、また他の先進国に比べ人口増加率が極端に低いことが明らか[40]になると、一九三九年二月、元老院議長の下に、「人口問題高等委員会」(Haut comité à la population)が設置され、人口の減少傾向に歯止めをかけるべく対策が取られることになった。そうした情勢のなかで、一九三九年七月に「家族法典」(Code de la famille)がデクレ・ロワの形で制定された。この家族法典によって、家族手当は大きく制度的に拡充されることになる。第一に、家族手当の受給対象者を使用者自身や自営業者を含むすべての就業者に拡大したこと。第二に、扶養する子どもの数が増えるにつれて手当額を累進的に増額させることにしたこと、である。とくにこの二つめの改革は、人口政策上の強い要請に基づくものであった[41]。

しかし、家族手当の受給対象者を雇用関係の成立していない自営業者等にも拡大させることは、家族手当の法的原理に大きな修正を迫るものであった。すなわち、これまで雇用関係を媒介とする労働者政策の一環として、賃金を補完するものとして位置づけられていた家族手当は、労働者政策の枠をはなれ、総合的社会政策の中心に位置づけられることになった。しかも、この後家族手当の適用範囲はさらに拡大し、出産のために一時的に職場を離れる婦人労働者や、夫の死亡後扶養家族を抱えた寡婦にも手当が支給されるようになっていく[42]。このように、労務の提供と家族手当支給との関係に重大な変化が生じ、家族手当制度は、社会保険制度「一般化」(généralisation)へのさきがけとなったと考えることができる。

こうした家族手当の一般化は、当然、国家の制度への介入拡大を前提としていた。とくに拠出金の支払能力に劣っている自営業者を制度に加入させるためには、かなりの国庫負担が必要とされたからである。しかし、元来経営者の私的協約から始まったフランスの家族手当制度は、このようにその規模の拡大にもかかわらず、制度の管理運営主体は、国家からは独立した機関としての家族手当補償金庫であり、その設立や運営のイニシアティブは、あくまでも経営者団体が掌握しており、国家の役割はその適正な運用を確保するための「後見」（監督）的役割にとどまっていた。こうした点に第二次世界大戦以前のフランス社会保障制度の根本的特徴と、のちに克服されるべき大きな課題が示されていた。

むすびにかえて

これまで検討してきたように、一八九八年「労災補償法」に始まり、一九一〇年「老齢年金法」、一九二八〜三〇年「社会保険法」そして一九三二年「家族手当法」と続いていく、第三共和政期の社会保険諸制度の成立過程全体を通して、フランスにおける「社会保障」の概念が、「社会的連帯」の理念を媒介として、十九世紀のリベラリスム的諸原理を克服し、全国民を対象とする強制保険の採用を含む、社会保険制度の充実の形で次第に政治社会に定着していったことが示された。しかし、一連の社会立法過程をめぐっては、同時にフランスにおける社会保障の概念が必ずしも全国民を対象とするミニマムな社会保障サービスの保障を意味するものではなく、職域を中心に労使を主体とする相互扶助によって支えられる性格を強くもつものとして形成・発展してきたことにも注目しなければならない。そして、そうした社会保障の概念の形成過程から導き出されたものとして、国家行政機関は、立法化によって国民に諸社会保険制度への加入を義務づけながらも、諸社会保険制度の運営については間接的にしか関与しないという原則を作り上げることになった。それは具体的には、第三共和政期フランス社会保障制度における制度の管理・運営に関する「共済組合原則」の定着である。すでに一九二八〜三〇年「社会保険法」をめぐる議論でもふれたように、この「共済組合原則」は、次第にその適用範囲を拡大しつつあったフランス社会保障制度を支える原理として実質的には機能しにくい要素を多く抱えるものになっていた。

しかし、そうした社会保険制度をめぐる実態にもかかわらず、この「共済組合原則」は、社会保障システムにおいて国家機構の主導的な役割をきわめて限定的なものにするなど、第二次世界大戦後のフランスにおける本格的な「福祉国家」形成にまで大きな影響を与えていき、フランス社会保障システムに多くの特徴を付与する重要な要素となっていった。第三共和政期の社会保険制度史について考察してきた本章のおわりにあたって、この「共済組合原則」が、第三共和政期を通じてフランス社会保障制度の重要な特徴となっていく要因について改めて考察してみることにしたい。

すでに述べたように、「共済組合原則」に立つ社会立法の第一の推進者は国民議会における急進的共和主義者たちであった。[43]かれらは、ドイツ社会保険制度の強い影響下に立法化を進めようとした開明派官僚とともに、立法化の各場面において総合的社会保険制度の早期実現の必要性を力説した。かれらにとって、フランスにおける社会保障制度は特定の党派や団体の利益に沿って構成されるものではあり得なかった。それは「人間の本性に内在する保障の欠如に対する必要な矯正」であり、「共同社会」の最も重要な財産である人的資産をつくりだす「国民的（社会的）連帯」の作品にほかならなかった。かれらにとって、それは直ちに「国家」にとっての必要事なのではなく、「社会」（société,collectivité）ないし「国民」（nation）にとっての必要事にほかならなかった。社会保険の「共済組合」的構成、「非国家主義」的構成はこうした「社会連帯」の論理的帰結であった。[44]

こうした社会立法をめぐる議会内の動きに加えて、議会外の社会勢力については、最大の労働組合組織C・G・Tが改良主義的見地から、ときに政府・議会の法案について批判を加えながらも、一貫してその支持勢力となったことが注目される。しかし、C・G・T・Uの立場に顕著に表れているように、労働勢力が全体として社会立法の推進力であったわけではない。フランスの労働勢力が社会立法に決定的な影響力を発揮するのは第二次世界大戦後のことである。

これに対して、第三共和政期の社会立法に果たした共済組合団体の役割は両義的である。共済組合団体は、一貫して社会保険制度の「国家主義」的構成に反対しつづけ、また一九二八年法の実施を実質的に阻止するなどフランス社会保障制度の「一般化」の大きな障害となった。しかし、他方では、その相対的に肥沃で安定した財政基盤をもとに、「共済組合原則」に立つフランス社会保険諸制度を下支えする最大の勢力であった。また共済組合団体は、社会立法を推し進めた急進派の政治的基盤でもあって、これを定着させるうえで最大の貢献者となり、また同時にこうした制度枠組みにおける最大の受益者でもあった。

さらに、経営者団体や医師団体は、社会保険の「強制原則」に反対の態度をとりつづけ、強制保険制度を実質的に任意・自由制度に骨抜きすることに意を用いた。しかし、とくに経営者団体は、社会保険制度がパテルナリスム的な労働者統制の手段となりうる部面においては、費用負担の増大を警戒しながらも制度の拡充に協力を惜しまなかった。

こうした諸勢力の動向を整理すると、第三共和政期の社会保障立法を、「共済組合原則」の定着によって決定づけたものは、第一に、共済組合運動の担い手である「小所有者」階層を最大の支持基盤とする急進的共和主義者の国民議会における影響力の拡大であり、第二に、労働組合や経営者団体が、社会保険制度の位置づけに関して必ずしも一貫した方針を打ち出せず、その結果として社会立法過程に決定的な影響力を及ぼそうとせず、第三に、各種共済組合の担い手であった諸組織の地域社会における信用や安定性が、社会保険制度の円滑な運営にとって有意義なものと考えられたことである。つまり、第二次世界大戦前のフランス社会保障立法における「共済組合原則」の確立は、「小所有者」階層の政治的・社会的影響力の強さという、第三共和政期フランス政治社会の構造的要因に根ざすものであった。

（1） François Netter, Les retraites en France avant le 20è Siècle, Droit Social, n.6, juin, 1963.
（2） Ibid., pp.359-361.
（3） H.Hatzfeld, op.cit., p.232.
（4） Loi relative à l'assistance obligatoire aux vieillards aux infirmés et aux incurables privés de ressources.
（5） Loi 5 Avril 1910 sur les retraites ouvriers et paysannes.
（6） 一九一〇年法の制定をめぐる考察として、中上光夫「揺籃期のフランス社会保険立法――1910年労働者農民老齢年金法の制定――」『三田学会雑誌』七〇号五巻一九七七年が詳細に論じている。
（7） この法案審議中の一九〇四年三月のミルランの発言、「コンブ内閣は反教権政策の実現のため、社会立法の達成を犠牲にしている。」は、こうした政治力学の存在を傍証するものと考えられる。H.Hatzfeld, op.cit., p.59.
（8） この総選挙において、老齢年金法の実現を選挙綱領に掲げることの重要性が各党によって認識されたことは、最終的にこの法案を採択させる原動力になったと考えられる。H.Hatzfeld, op.cit., p.61.
（9） Ibid., pp.86-87.
（10） 保険料の支払いシステムは、被保険者である被用者に交付されている証明書に、使用者が印紙を貼付することによって、保険料の支払いを確認する方式をとった。このシステムでは、証明書の提示という被用者の協力が制度維持のため不可欠であった。加藤前掲論文四六六頁参照。
（11） 三十年以上の拠出者に対しては六十フラン、十五年以上三十年未満の拠出者に対しては年一・五フランの割合で給付する。

(12) 一九一一年一二月以降の一連の破毀院判決は、労働者が年金法への加入を拒否した場合、使用者は賃金から労働者拠出分を源泉徴収する権利をもたないし、使用者もその拠出分を払い込まなくてよいと判決した。こうした判決は、強制保険の原則の実質的骨抜きを側面から支えるものであった。中上前掲論文五四七頁参照。

(13) H.Hatzfeld, op.cit., p.63.

(14) H.Galant, op.cit., p.11.なおアルザス・ロレーヌにおける社会保険制度の詳細について、Paul Durand, La politique de sécurité sociale, Paris, Librairie Dalloz, 1953 .pp.54-61.

(15) 戦後フランス社会保険制度にとって、アルザス・ロレーヌ問題の重要性がとみに意識されていたことについて、Yves Saint-Jours éds, Traité de Sécurité Sociale, Tome., p.97.

(16) この点から一九二八年法の基本原則には、ドイツ社会保険制度の影響が顕著にみられるとする指摘もある。H.C.Galant, op.cit., p.11.

(17) Loi du 5 Avril 1928 sur les assurances sociales.

(18) 田端前掲論文一四三頁。

(19) H.Hatzfeld, op.cit., p.147.

(20) ルフラン（George Lefrant）は、のちにC・G・Tの活動がなければ法案はとても成立しなかったであろうと、一九二八年法成立におけるC・G・Tの役割を強調している。しかし、C・G・Tも全面的に政府案を支持していたわけではなく、金庫運営に対する労働組合代表の参加および失業保険の欠如については批判を行っていた。H.C.Galant, op.cit., p.13.

(21) この一九二八年法が実際に日の目をみることなく、一九三〇年修正法に引き継がれることになった理由として、この法案が一九二八年総選挙を目前にしていわばかけ込み的に議会を通過したことも指摘できる。一九二八年法の成立をめぐる状況について、H.Hatzfeld, op.cit., p.148.

(22) 一九二八年法の詳細について、加藤前掲論文四六六頁以下参照。

(23) フランスにおける社会保険医療史に関する包括的な研究として、久塚純一『フランス社会保険医療形成史――伝統的自由医療から社会保険医療へ――』九州大学出版会、一九九一年。とくに一九二八年法をめぐる医師組織の動向に関して、同書一四五〜一四七頁参照。

(24) C・G・T・Uが新たな社会保険制度に反対した最大の理由は、保険料の徴収が帝国主義および資本蓄積につながるとする政治的主張に基づいていた。H.Hatzfeld, op.cit., p.254.

(25) したがって本書では、修正後の本法を一九二八〜三〇年法とする。

(26) Loi modifant et complétant la loi du 5 Avril 1928 sur les assurances sociales.

(27) この給付は、失業者に対する所得保障を意味する失業保険ではなく、失業中保険料を肩代わりするものに過ぎなかった。

(28) しかし、激しい反対運動の結果、金庫選択の自由が制度化されたにもかかわらず、被保険者の半数は類似金庫ではなく、県金庫に加入した。(H.C.Galant, op.cit., p.20) このことからは、県金庫に対して類似金庫の優位性を享受できる被保険者が少数にとどまっていたことが類推され、フランスにおいても普遍的社会保険制度実現の条件が整いつつあったことが類推される。

(29) 国庫負担金の減額に関する一九三五年七月一六日のデクレ・ロワをめぐる議論が最も中心的なものであった。加藤前掲論文四七〇頁以下参照。

(30) H.C.Galant, op.cit., pp.22-23.

(31) H.C.Galant, op.cit., p.9.なおフランスにおける家族手当の成立と発展については、上村政彦「フランス家族手当の生成と発展」『国際社会保障研究』健康保険組合連合会、一九七三年。

(32) ストライキなどの労働攻勢に対して、賃金など労使の協約に基づくものとは異なる家族手当の改廃は経営側にとってかなりの武器となったであろう。
(33) 上村前掲論文五頁参照。
(34) ここで賃金論に深入りすることは控えるが、フランスでは労働者の賃金の性格をめぐって、単なる労働の代謝としてではなく、生活の必要（besoin）に応じるものとするとらえ方が十九世紀末にはすでに登場しており、今日的観点からも興味深い。
(35) 労働総同盟（C・G・T）の立場が代表的なものである。こうした労働者側の家族手当のとらえ方に関しては、H.Hatzfeld, op.cit., p.173.以下を参照。
(36) 農業部門の労働者に対する家族手当は、しばらくの間留保され、のちにデクレの形で実施に移された。
(37) しかし、このなかで最後の人口政策上の理由に関しては、フランスにおいて人口問題が深刻な問題として注目されるのは、のちほどみるように一九三五年以降であること、またこの家族手当がそもそも出生率向上に効果をもつかどうかは当初から疑問視されていたことをあげ、少なくとも一九三二年段階では、実際上ほとんど関連はなかったとする見方がある（H.Hatzfeld, op.cit., p.178.）
(38) A.Rouast et P.Durand,Précis de la législation industrielle, Paris, 1955, p.489.
(39) すでに述べたように、家族手当に関する労働総同盟（C・G・T）の立場には大きな変化はなかった。上村前掲論文七頁参照。
(40) 著名な人口学者ソーヴィ（Alfred Sauvy 1898-1990）は、フランスにおける出生率低下の原因として、フランス人の「経済的マルサス主義」および高い貯蓄性向にみられる保守的生活態度をあげている。cf, Alfred Sauvy, La population, (collection Que sais-je? n148)
(41) このように、フランスにおいて家族手当制度が他国に対比していち早く整備された背景に、人口政策との関連があったことは広く認識されているが、この問題をめぐっては、現在に至るまで家族手当の社会政策上の位置づけをめぐって議論が絶えない。つまり家族手当は出生率の向上という国家的な人口政策の一要素として位置づけられているのか、それとも疾病保険などと同様に、労働者を中心とする国民のニーズに対応することを主眼としているのかが不明確であるとする批判である。近年では、児童扶助を主目的としている家族手当は、女性労働者に対する一種の失業手当の性格をもつとする見方も登場し、その社会政策上の位置づけはますます複雑なものとなっている。

(42) 一九四一年二月一五日法および一九四二年九月九日法による。この時期はドイツ占領軍およびヴィシー政権下にあったこともこうした改革の要因として考えられる。

(43) H.Hatzfeld, op.cit., p.144.

(44) 田端前掲論文一五九頁。

第4章

戦後復興と「一九四五〜四六年体制」の形成

はじめに

第二次世界大戦後のフランスにおける「福祉国家」の形成過程は、フランス政治社会の構造的変化を解明する大きな手がかりとして重要な意味をもつと考えることができる。第二次世界大戦により大きな戦禍に見舞われた多くのヨーロッパ諸国では、戦後の経済復興の柱として「福祉国家」形成が政治的に選択された。とくにイギリスにおいては、アトリー労働党政権のもとで、有名なベヴァリッジ報告に基づく総合的な社会保障システムの構築が、「福祉国家」(Welfare State) の建設として進められた。各国の社会保障改革に大きな影響を与えた、このイギリスにおける「福祉国家」形成への動きは、フランスにおいてもいわゆるラロックプランの策定に大きな影響を及ぼし、総合的な社会保障システムの構築が模索される大きな契機となった。本章では、こうした福祉国家の形成過程に関する比較分析の題材として、第二次世界大戦後の経済復興への政治的対応[1]の一環として確立された、抜本的な社会保障制度改革を取りあげ、それがどのような要因によって、いかなる政治的勢力を担い手として形成され、「福祉国家」としてのどのような特徴をあらわしているのかについて考察することにしたい。

本章における議論の中心は、以下の三点である。第一に、第二次世界大戦直後のフランスにおける総合的社会保障システムの形成主体はどこにあったかという点である。第二に、ラロックプランに代表されるフランス社会保障改革の基本方針が第三共和政以来の伝統をどの面で継承し、どの面で断絶を図ろうとしたのかを明らかにすることである。第三に、一連の制度改革によって成立したフランス「福祉国家」を、かりに一つの「体制」として定義するならば、そこにはどのような特徴が存在するのかについて、社会保障における「国家」の役割をめぐるイギリスとの対比を視野に入れながら考察することである。

こうした論点について、本章では次のような手順で考察を進めることにする。第一に、第二次世界大戦直後のフランス政治社会の状況を検討して、福祉国家形成をめぐる政治的諸条件を解明する。第二に、そうした諸条件のなか、ラロックプランを基本とした政府の改革案が、社会保障をめぐる、労働組合・経営者団体・共済組合など社会諸団体のいかなる論理のもとに議論され、社会保障「組織法」に結実していったのかを考察する。そして第三に、そうした運動の結果、形成されたフランス社会保障システムがいかなる制度的枠組みをもつにいたったのかを解明し、本書において「一九四五~四六年体制」と呼ぶことにするフランス福祉国家体制の形成過程をたどることにしたい。(2)

(1) 戦後の経済復興という課題が政治体制の枠組み形成に与えた決定的意味に関する、戦後日本政治史に関する研究として、中北浩爾『経済復興と戦後政治　日本社会党一九四五~一九五一年』東京大学出版会、一九九八年。

(2) 本書における基本的視座は、フランス社会保障システムにおける民主主義的諸原理の形成と展開に焦点をあてたガラン（H.C.Galant）の古典的な研究をふまえたものである。H.C.Galant, Histoire Politique de la Sécurité Sciale Française 1945-1952, Paris, Armand Colin, 1955. ただし本書では、議会内外における議論の分析を中心とするガランの研究では強調されていなかった、政治社会の構造変化の側面の解明を目指している。

第一節　第四共和政の成立と社会保障制度改革

一　社会保障制度改革の機運

第二次世界大戦直後のフランス政治にとって、社会保障制度改革は急務の課題であった。それは第一に、ヴィシー政権下での無拠出制老齢年金制度の発足に伴って生じていた膨大な財政赤字の処理問題(1)であったが、より根本的には「戦後政治」の枠組み形成における社会保障制度の重要性に基づいていた。

第二次世界大戦直後に、いずれも厳しい経済状態のなかにありながら、ヨーロッパ各国において本格的な「福祉国家」形成への機運が高まっていった背景には、第二次世界大戦中の各国における階層秩序の変化と社会的市民権の制度化との密接な結びつきが存在する。つまり「総力戦」という従来の階層秩序・伝統的権威を一度徹底的に破壊し、国民国家を構成する諸社会集団の均質化を推し進める過程のなかで、国民の連帯意識を高め、国民的動員を確保するために、ドイツにおける「強制的同質化(2)」に代表されるような、社会的市民権の拡大が、各種社会保険制度や国家行政機構を担い手とする雇用安定制度の創設の形で行われていく。当初は戦争遂行にともなう一時的措置として推進されたそうした法的・制度的整備は、結果的に各国における福祉国家形成の基盤となっていったと考えることができる。第二次世界大戦直後の時期が、多くの国において福祉国家政策の揺籃期に当たっているのは、従来から指摘されているイギリスで策定されたベヴァリッジ報告の与えた甚大な影響だけでなく、こうした戦時における社会的市民権の拡大という不可逆的な変化への対応としての側面も大きく関係していた。[3]

さらに、フランスにおいて社会保障改革が急務の課題とされた主要な要因には、こうした「総力戦」のなかでの階層秩序の変化というヨーロッパ各国に普遍的に見られた要因に加え、フランス独自のものも存在した。それは「完全な社会保障計画」の策定を掲げた「抵抗運動全国評議会」（Le conseil National de la Résistance, C.N.R.）綱領の影響力である。[4]このC・N・R綱領の特徴は、ドイツ占領下でのフランス解放の意義とその道筋を示しただけでなく、戦後フランスにおける経済・社会改革の方向性をいち早く指し示したところにある。そこでの中心的目標は、「経済計画」と「国民化」（nationalisation）[5]であり、そうした中心的課題を含む抜本的な経済・社会改革の柱と考えられていたのが、全般的な社会保障制度改革であった。

第四共和政憲法前文における「社会・経済条項」[6]にも示されているように、第二次世界大戦後のフランス社会では、社会・経済秩序再建の原理として、「社会的民主主義」（démocratie sociale）の推進が提唱されていた。この「社会的民主主義」においては、政治的民主政の原理を補完するものとして、経済的諸権力の民主化がとくに重要視され、最終的にはディリジスムの帰結としての、フランス経済の中核的部分の国有化・計画化を視野に入れた、社会・経済秩序の再構築が模索されていた。こうした状況のなかで、フランスにおける社会保障制度改革は、従来の諸制度間の整合性を確保しようとするための「調整」ではなく、「国有化」（「国民化」）[7]問題をはじめとする、戦後フランス政治経済構造の抜本的改革をめざす、一種の急進的改革運動の一翼を担うものとして議論が始められたのであった。[8]

しかし、その後の議論の展開過程を考察すると、戦後フランスにおける社会保障改革が、政治経済構造の抜本的改革の一環としてどれだけ認識され、また議論されていったかに関しては大きな疑問が残る。この時期における社会保障改革をリードしたのは、確かにC・N・Rの中心勢力を構成した共産党や、C・G・Tなどの組織に代表される左翼勢力であった。かれらは、「臨時諮問議会」（Assemblée consultative provisoire）に多くのメンバーを送り込み、社会保障改革を含む社会・経済改革の主導権を握った。したがって、この時期の社会保障改革が左翼勢力のイニシアティブを背景としたものであったことは間違いない。しかし、ここで注目しなければならないのは、C・N・Rにおけるもう一つの中核的勢力であった「人民共和運動」（M・R・P）[9]も、社会保障改革そのものの必要性については左翼勢力と完全に一致した意見をもっていたことである。のちほど検討していくように、特別委員会や憲法制定議会における審議のなかで、C・G・Tを中心とする左翼勢力とM・R・Pを中心とする保守勢力は、単一金庫制か複数金庫制の維持かなど、制度の基本原則のあり方をめぐり激しく対立するが、こうした対立は、第三共和政以来の「共済組合原則」の是非をめぐる、あくまで社会保障制度の運営主体に関する問題であり、改革の最も中心的課題であった社会保障の「一般化」やその拡充などに関しては、両者のあいだにかなり広範な「合意」が形成されていたものと考えることができる。

したがって、原理的には急進的ともいえる抜本的改革を掲げたフランス社会保障改革も、制度改革をめぐる具体的議論が進展していくなかで、その改革に想定されていた、諸階層間の徹底した所得再配分など政治経済構造の抜本的改革の一環としての意味は意図的に曖昧なものとされ、第三共和政以来のフランスにおける社会保障制度の伝統には何ら大きな変更は加えられていないものとする立場が、左右の厳しいイデオロギー対立を超えて、比較的広範な政治勢力によって受け入れられていくことになった。

このように、社会保障制度の抜本的改革を中核とするフランスにおける福祉国家体制の構築が、大戦直後という国民的連帯感のいやがうえにも高まっていた時期に計画・実施されたことは、フランス社会保障制度史においてきわめて重要な意味をもっている。つまりナショナリズムと結びついた強力な連帯感が涵養された軍隊やレジスタンス運動の戦士たちの間を中心に、「社会連帯」の理念を実際に機能させるためには、社会保障制度の拡充が不可欠であるとの認識がこの時期には広範な支持を獲得したのである。このことは、すでにみたように、労災補償法などの導入が目指す議論から、「責任」や「保障」などの概念をめぐる厳しい法理論的・思想的対立を引き起こした十九世紀末の状況とは異なり、社会保障改革が、イデオロギー対立を超えた「国民的合意」のもとに進められる地盤を形成したことを意味するのである。

したがって、フランスにおける「福祉国家」の形成の要因を、従来の福祉国家史研究における「社会民主主義モデル」によって説明することは必ずしも妥当ではない。なぜならのちほど詳しくみていくように、C・N・Rの中心をなした左翼勢力において主導権を握ったのは社会民主主義政党ではなく、共産党とその強い影響力の下にあったC・G・Tであり、また社会保障政策の推進が、保守勢力の強い抵抗を排して実施されたともいえないからである。むしろフランスにおける福祉国家の形成は、ヴィシー政権の清算と新しい社会・経済秩序を求める幅広い「国民的合意」を背景に成立した「戦後体制」の一環としてとらえることが妥当であろう[10]。

ここで提示するフランスにおける「戦後体制」とは、レジスタンス運動以後の愛国的・社会的動機の高まりのなかで、「国有化」(「国民化」)問題に象徴されるような、急進的改革の機運が一気に盛り上がり、その一部が実施に移されていったものの、のちほど検討していくように、その後の政党政治の枠組みの変化を受けて、フランス社会・経済秩序の抜本的改革が結果的に頓挫したこと、さらにその後は、国民各層の既得権益の再編にもつながる諸改革が、高級官僚のイニシアティブのもと、フランス国家の「近代化」路線として志向され、定着がはかられていったものとしてとらえることができる。こうしたフランスにおける「戦後体制」の成立過程は、モネ＝プランに代表されるように、[11] 当初レジスタンス以来の熱気のなかで、戦前からC・G・Tなどが主張していた「計画化」(Planification) 路線に沿う形で進められたC・N・R綱領に基づく「国有化」(「国民化」)が、やがては脱植民地化にともなうフランス経済の構造転換の一手法として位置づけ直され、むしろ当初は「計画化」に反対していた国家行政官僚によってそれらが推進されていくなど、「改革」の原理と実際の展開過程との間にかなり大きな乖離を残したまま進んでいったことである。これから検討していく、戦後フランスにおける社会保障改革も、「社会連帯」の実現を求める「国民的熱気」を背景にして構想されながらも、やがてこうした「戦後体制」の一環として結実していくことになる。

二　特別委員会設置と制度改革への枠組み

こうした社会保障改革を求める機運の高まりのなかで、戦後フランスにおける社会保障システムの抜本的改革は、臨時政府における労働・社会保障省を中心として、C・N・R綱領をできるだけ反映する形で進められることになった。

この労働・社会保障省にあって、その後フランス社会保障システムの方向性を決定する報告を行い、また改革への議論をリードしたのがピエール・ラロック (Pierre Laroque) であった。かれは、一九三〇年以来コンセイユ・デタ (Conseil d'Etat) を構成する高級官僚の一人であり、一九四四年に社会保障総務長官に就任したのを皮切りに、それ以後社会保障全国金庫理事会の理事長や政府の社会保障に関する各種審議会の委員長などを歴任し、まさにフランスにおける「社会保障の父」と呼ぶにふさわしい活躍をした人物である。(12)

社会保障制度改革に関して、C・N・R綱領にうたわれた「完全な社会保障計画」を具体化するため、ラロックを中心として労働・社会保障省内で政府案を策定する作業が一九四五年初頭から始められ、半年後にはその骨格が出来上がり、ただちに政府案として「臨時諮問議会」に図られるはずであった。しかし、ラロックは、「このような計画の実施にあたっては、たとえその大枠をのみ諮るものであれ、できるだけ幅広い国民各層の協力と支持が不可欠である(13)」と主張し、一九四五年七月九日当時の労働大臣パロディ（A.Parodi）に対して、国民各層から幅広く意見を徴する特別委員会の設置を要求した。パロディはこの要求を受けて、ラロックを中心として作成された政府案を臨時諮問議会に提出する前に審議するための「特別委員会」の設置を決定した。この委員会はその委員をパロディが任命したことに因み「パロディ委員会」（Commission spéciale Parodi）と呼ばれることになる。さきに述べたラロックプランは、幅広い領域から三十二名が任命されたこの委員会(14)で徹底的に審議されることになるが、その場において、その後の臨時諮問議会において激しい議論の的となった論争点のほとんどが示されることになる。

ラロックプランに結実した、戦後フランスにおける社会保障改革の基本方針を示すものとして、一九四五年七月に臨時諮問議会に対して、労働大臣パロディが提出した社会保障計画の諮問に附した「理由書」をみてみることにしたい。この「理由書」のなかでパロディは、「世界のすべての国は、戦争の終結を特徴づける友愛と諸階級の和解が高まるなかで、労働者のための、また国民全体の利益のために社会保障制度を創設することに努めている(15)」と述べて、国民的規模での社会保障制度の創設が異論の余地のない課題であることを示していた。バロディがこの「理由書」で述べている「社会保障」とは次のような理念に立つものであった。「社会保障とは、諸個人が、あらゆる状況において、自らの生存とその家族の生存とを尊厳を保ちながら営むに必要な手段を獲得する、という諸個人に与えられた保障である。社会的正義という基本的観点に正当性を見出す社会保障は、労働者から将来の不安を除去するという考え方に応えている。この将来の不安こそが、労働者に劣等意識をもたせているのであり、また自分の力によって将来に備えることができる財産所有者と、困窮の脅威をつねに負っている労働者との階級的差異の現実的、根本的な基礎をなすものである」[16]。

バロディがこの「理由書」のなかで示している「社会保障」の概念は、そのままラロックプランの基本精神につながっていく。この「理由書」ではさらに、「社会保障」を「強制的な相互扶助の巨大な国民的組織」(une vaste organisation nationale d'entraide obligatoire)[17]としてとらえ、その根本的機能を、階層間の国民所得の再分配にみいだそうとしている。つまり、パロディがここで提示している社会保障計画は、労働者に対する社会政策としての範疇をはるかに越えて、国民経済の構造改革を含む全国民を対象とする普遍的な社会保障を意図するものであったと指摘することができる。

しかし、この「理由書」が同時に改革の具体化にあたって、「新しい制度が満足な形で機能するとき、社会保障システムを全人口に拡大し、すべての社会的不安要因を覆うことが可能であり、かつ必要である。(しかし)それは将来の仕事(La tâche de demain)である」[18]と述べ、「今日なすことが可能であり、かつなすべきであることは、このプランが漸次実現されうるような(制度・機構の)枠組みを組織することである」[19]と指摘していることにも着目しなければならない。つまり、戦後フランスにおける社会保障改革は、こうした「社会保障」に関する高邁な理念を掲げながらも、急進的な改革を目指したのではなく、当時の経済情勢および既存の制度との継続性を考慮に入れて、制度の段階的完成を目指して漸進的に進められることになったのである。[20]

こうした第二次世界大戦直後のフランスにおける社会保障改革の枠組みは、社会保障の「一般化」つまり全人口を対象とした社会保障制度の整備を将来的課題としながらも、当面はすでに存在している被用者対象の諸社会保険の統合を図っていくなかで、その基本原理を実現していく方法が採られることになった。このことは、社会保障改革が政治勢力間の厳しい対立を惹起させる「政治的問題」ではなく、イデオロギー的対立をなかば越えた「国民的合意」に基づくものとして提起されたことからはやむを得ないものであった。

このように、制度改革にあたってこうした漸進的手法が国民的合意に沿うものとしてなされたことが、既存制度との連続性や諸社会団体間の政治的妥協が重視され、さまざまな要素が混在したまま制度デザインが行われて、その間の矛盾がはっきりと意識されないまま制度として定着が図られ、のちに多くの問題を残していく要因となったことはいうまでもない。

（1）この年金は一九四一年三月にヴィシー政権によって導入された「老齢労働者手当」（allocation aux vieux travailleurs salaris）と呼ばれ、ヴィシー政権はこの制度導入にあたって特別な財源措置を講じず、費用をすべて従来からの老齢年金基金によって賄おうとした。

（2）「強制的同質化」に関して、ダーレンドルフが、ナチス政権下でのドイツにおける「社会革命」の意義に着目する考察を示している。つまりナチス政権下で、ドイツ社会の「近代化」がさまざまな障害を乗り越えて達成されたとする視点である。Ralf Dahrendorf, Society and Democracy in Germany, New York, Doubleday & Campany, Inc, 1967, pp.404-406.

（3）総力戦体制と国民の再組織に関して、日本の戦時体制下における町内会の位置づけに着目し、議会制と併存する上からのコーポラティズム＝職能国家、という日本のファシズム期の国家の最末端のあり方を示そうとした研究として、雨宮昭一『戦時戦後体制論』岩波書店、一九九七年、とくに第6章を参照。

（4）C・N・R綱領のなかでは、経済・社会改革において達成されるべき目標の一つとして「すべての市民に対して、かれらが労働によって生存手段を得ることができない場合に、当事者代表と国家の管理のもとでそれを保障することを目指した『完全な社会保障計画』の策定」がうたわれていた。なおC・N・R綱領については、Ren Hostache, Le Conseil National de la Résistance, Paris, PUF, 1958.がわかりやすく整理している。

（5）この「国民化」の概念は、通常訳語として使われる「国有化」とは区別して認識されなければならない。「国民化」は民間資本を接収して国営企業にすること、つまり国家的所有への転換を意味するのではなく、私的所有という資本主義原則の大枠内にあっても企業の経営が国家官僚の管理からは独立し、国民代表による管理に委ねられるとするものである。もちろん解放直後の時期は、北部の炭鉱やルノーが「国営化」されるなど多くの国営企業が誕生したが、これらは戦時下の統制経済の延長線上にある国民経済の国家官僚管理を目指すものではなかった。なおC・N・R綱領と「国有化」問題との関わりについては、稲本洋之助「フランスにおける戦後改革——憲法制定国民議会期の国有化問題を中心として」東京大学社会科学研究所『戦後改革 二』東京大学出版会、一九七四年がある。

（6）第四共和政憲法前文における「社会・経済条項」の法的意義については、樋口陽一『比較憲法（全訂第三版）』青林書院、一九九二年、二一九頁以下を参照。

（7）戦後フランスにおける「国有化」に関しては、ド・ゴール臨時政府のもとでの北部炭鉱の国有化を典型とする「熱い国有化」（nationalisation à chaud）と、「三党体制」成立以後フランス経済構造の近代化を主眼に、労働者の企業経営参加を主要な課題として進められた「冷たい国有化」（nationalisation à froid）との違いに留意する必要があるとの指摘もある。廣田功「『戦後改革』とフランス資本主義の再編」『土地制度史学』一三一号、一九九一年。

（8）C・N・R綱領と一九三〇年代の「人民戦線綱領」との相違点について、C・N・R綱領は、人民戦線内閣が進めようとした所得再分配の見直しを柱とした「マルサス的」改革が、資本の国外逃避などによって失敗に終わった経験をふまえ、生産力視点を導入し、生産主義的共和政の実現を目指したとする指摘がある。C・N・R綱領と一九三〇年代人民戦線綱領との相違については、中木康夫『フランス政治史』（中）、未来社、一五五頁以下を参照。
（9）「人民共和運動」（M・R・P）は、左翼カトリック共和派の強力なレジスタンス活動を背景として戦後誕生した新興カトリック政党であり、第三共和政期の保守政党に飽き足らないものを感じていた保守派勢力の支持を集め、旧来の保守政党を完全に凌駕し、第四共和政を支える最大の保守政党に成長していく。
（10）保守政党であるM・R・Pも、第四共和政初期における「国有化」政策の積極的推進勢力であったことなどがそうした状況を象徴している。
（11）このモネ＝プランは、フランス経済構造近代化の切り札として構想されたもので、第三共和政時代の中小零細資本を中心とした生産性の低い構造を改変するために、資本主義経済の枠内において経済計画を導入しようとするものであった。モネ＝プランと第四共和政期の政治社会構造を考察したものとして、中山洋平「フランス第四共和制の政治経済体制　二つのモネ＝プランと五三年危機――「近代化」と「国家社会関係」の歴史的展開――」『国家学会雑誌』一〇五巻（三〜四号）、一九九二年。
（12）ピエール・ラロックの足跡とかれが著した膨大な報告書に関するものとして、Comité d'Histoire de la Sécurité Sociale, Pierre Laroque, Au service de l'homme et du droit, souvenirs et réflections, Paris, Association pour l'étude de l'histoire et la sécurité sociale, 1993. かれはいわゆる開明派官僚の一人であったが、社会保障に関する「フランス型」システムの構築をデザインしようとした意味では、生涯にわたってその軌跡には一貫性がみられる。
（13）H.C.Galant, op.cit., p.29.
（14）特別委員会の構成員は次の通りである。コンセイユ・デタから一名（首席のドレバン）、臨時諮問議会から二名、臨時政府大臣十名、労働者代表四名（C・G・T代表三名、C・F・T・C代表一名）使用者代表四名、社会保障組織代表四名、家族手当補償金庫代表二名、労働災害専門家三名、アルザス・ロレーヌの社会保険組織の代表二名の合計三十二名である。アルザス・ロレーヌ地域の代表が加えられているのは、この地域が社会保障制度を「統合した」経験を有していたからであった。Ibid., p.29.
(15) 田端博邦「フランスにおける社会保障制度の成立過程」(東京大学社会科学研究所編『福祉国家　第2巻』東京大学出版会、一九八五年、一二六頁。
(16) 田端前掲書、一二六頁。
(17) 田端前掲書、一二六頁。
(18) H.C.Galant, op.cit., p.50.
(19) Ibid.
(20) したがって一九四五年一〇月四日のオルドナンスに結実する政府案は、社会保障「組織法」として成立することになる。

第二節　ラロックプランと社会保障「組織法」の成立

一　ラロックプランにおける社会保障制度の基本原理

第二次世界大戦後の社会保障改革をめぐる諸情勢についてこれまでみてきたが、本節では、特別委員会での審議を経たあと臨時諮問議会に提出され、一連の改革の骨格を形成したラロックプランの分析を中心に「一九四五～四六年体制」の基盤となった、一九四五年一〇月四日および一九日のオルドナンス（いわゆる社会保障「組織法」）の形成過程を考察することにする。ラロックは、特別委員会に対して提出した社会保障改革の政府案を策定するにあたって、社会保障制度改革をめぐるフランス固有の条件として、次の三つをあげている。それはすなわち、フランス社会における低出生率、第三共和政期以来の既存組織の問題、そしてフランス社会保障制度における「民主主義的伝統」である。(1) とくに最後の「民主主義的」伝統は、これから検討していくラロックプラン全体の基本原理にかかわるものとしてきわめて重要である。

ラロックは、社会保障改革をめぐるこうしたフランス固有の条件をふまえたうえで、過去の社会保障制度の欠陥を労働者の抱く二重の劣等感、とりわけ経済生活においてかれらが排除されていると感じていることに由来するものと考えていた。すなわちそれは第一に、「労働者は巨大企業の発展につれて、経済生活においてますます受動的となり、抜け出すことのできない恒久的な隷属状態のなかに自らを置いている」[2]劣等感であり、第二に、「自分たちの労働によって生計をたてているすべてのものにのしかかる『将来に対する不安』(l'incertitude du lendement)に由来する」[3]劣等感である。こうした劣等感を除去し新しい経済社会秩序を構築するためには、なによりも労働者の経済生活や企業経営に対する積極的参加を実現すること、また労働生活を引退または中断したときにも生活に不安を感じないような、総合的社会保障制度を実現することが必要であるとする。

ラロックは、こうした課題を解決するための「社会保障」を「すべての人(tout les hommes et toutes les femmes)に、どのような状況においても、本人とその家族の生計を営むに十分な収入の享受を保障すること」[4]と定義した。この定義は先にみたパロディの「理由書」における「社会保障」の定義とほぼ等しいものである。そしてパロディが、社会保障の根本的機能を階層間の国民所得の再分配に見いだしたことと同様に、ラロックは、社会保障の究極目標を「国民的連帯」に基づく無階級社会の実現に置いていた。

ラロックは、新しい社会保障計画を策定するために、フランスにおける過去の社会保障制度の欠陥として、先にあげた労働者の抱く二重の劣等感とならび、第三共和政期に設立された各種社会保険制度が、組織相互間に十分な連繫・調整がなされないまま併存していることをあげ[5]、こうした欠陥をなくしていくためには何よりも「単一金庫」に基づく包括的な社会保障制度の確立が不可欠であると考えた。さらにかれは、たとえば怪我や疾病に対する医療給付としての機能からは、社会保険と労災補償を制度上区別する必要はないとして、制度的起源を異にする諸制度をその実際上の機能に着目して再編成する必要性も強調していた[6]。

ラロックプランが基本となって特別委員会に提出された改革原案は、一般に「ラロック三原則」と呼ばれるものを柱として構想されていた。このラロック三原則とは、社会保障における「一般化」(généralisation)「単一金庫」(la caisse unique)「自律性」(autonomie) を指すものである。[7] 第一の「一般化」は、社会保障制度の対象範囲を労働者以外にも拡大し、全国民をその被対象者とすることであるが、ラロックが意味したことはこれにとどまるものではなく、すべての国民が社会保障の利益を享受するという平等取り扱いと、その代表を通して制度の管理・運営に関与するという参加原則の一般化を含むものであった。

第二の「単一金庫」は、第三共和政期以来、フランス社会保障制度における最大の対立点となってきた問題であるが、ラロックは「生活を脅かす不安は一つひとつに分解できるものでなく、個人およびその家族にふりかかる不安に応えるためには、たとえ個々の事例に対する給付そのものは個別的であるとしても、制度の運営母体は単一の機関であることが望ましい」[8] と考え、これを積極的に主張した。この点は原理的問題というよりも制度運営上の技術的要請であったととらえることもできる。しかし、この時期の社会保障改革においても第三共和政期と同様に、「単一金庫」の是非は最大の対立点となっていくが、それについては具体的な政府案をめぐる審議の過程のなかで考察していくことにする。

第三の「自律性」原則は、前記の二つとは異なり、必ずしも制度運営の技術的観点からは要請されないものであるだけに、ラロックプランが目指した社会保障改革の方向性を如実に示すものでもある。ここでは「自律性」原則は二つの面からとらえられており、両者をはっきり区別して認識することが必要である。その第一は、社会保障をめぐる政策決定手続きへの国民各階層の参加を拡大することであり、その第二は、社会保障財源を基本的に国家予算に依存せず、関係当事者の負担する保険料・拠出金を唯一の財源とすべきとする考えのことである。そのうちの前者は、すでにふれた戦後フランスにおける「社会的民主主義」(démocratie sociale) の進展ともかかわっている。

この「社会的民主主義」は、社会コルポラティスム的な利益集団の代表からなる諮問・協議制度の整備といった、議会制民主政の補完とともに、すでにふれた「国民化」構想に示されるように経済的諸権力を民主化するという政治的民主政の拡張を目指すものでもあった。

しかし、ラロックプランにおける制度原理としての重要性は、むしろ第二の意味での「自律性」原則のなかに存在する。ラロックをはじめとする当時の政策立案者たちは、社会保障の財源を国庫に頼ることは、必然的に社会保障制度の設計・運営を国家財政に依存させる結果を生みだすと指摘し、社会保障制度の枠組みは、国家財政の外側に存在する自律した機構として構想されなければならないことを繰り返し表明した。

以上がラロックプランにおける三原則の概要であるが、この三原則相互の関係は次のように整理することができる。まず自律性の原則は、社会保障制度の管理運営の民主化を意図する。それは被保険者をはじめとする関係当事者がその代表者を通じて、管理・運営の主体となることによって具体化される。さらに当事者拠出主義は、管理・運営の対象範囲を財政にまで拡大することを意味し、関係当事者の制度運営に対する主導権を確保するものとなる。つぎに、一般化原則は、社会保障制度の適用範囲を全国民に拡大することを通じて、社会保障制度の利益享受の平等を実現する。そしてこうした制度の適用範囲拡大は、制度運営への参加原則にも及ぼされ、逆に自律性原則は、制度の費用負担を制度の適用を受けるすべての人に要請する根拠ともなるのである(9)。

しかし、ここで問題となるのは、そのような基本的枠組みに立つラロックプラン「三原則」そのものに内在する根本的問題点である。それはラロックプランにおける「一般化」原則と、他の二つの原則との間の齟齬として指摘することができる。第一に、「一般化」原則と「自律性」原則との関係である。社会保障制度の対象を拡大するためには、新しく制度の適応対象となる人々に対する財源負担能力と給付水準をどのように設定するかが大きな問題となるが、ラロックプランにおいては、どこにおいてまた誰によってそうした調整がなされるのかについて明確な言及がみられない。第二に、「一般化」原則と「単一金庫」原則との関係であるが、第三共和政期からきわめて多様な形で発展した、それぞれ対象とする人的範囲や性格を異にする諸制度を統合・包含するにあたって、ラロックプランでは、そのための手順や経過措置に関する提言がまったくなされず、制度の漸進的完成が謳われているだけであった。

ラロックは、こうした三原則に基づく社会保障計画を具体化するために、四つの領域からなる「保障」と、それを実現する三つの「政策」が必要であるとしていた[10]。まず四つの保障とは、雇用、収入、労働力の保全および労働生活中断期間の保障のことを指す。第一の雇用の保障は、完全雇用の実現を目指し、職業紹介・職業訓練などの施策を実施していくことである。第二の収入の保障とは、単に最低限の所得を確保するという意味ではなく、労働者が提供した労働の価値に対応するとともに、諸個人のニーズに応じた収入の確保が図られなければならないものとされる。第三の労働力の保全とは、医療の問題と密接に結びついた保障の原理であって、職場環境の整備などを含めた労災・職業病の予防を中心に、疾病の予防・治療が適切かつ十分に行われることを意味する。第四の労働生活中断期間の保障とは、疾病・労災や女子の出産時など労働生活の中断を余儀なくされた場合と失業にともなう場合の保障を指す。ラロックは、たとえそれがいかなる理由によるものであっても、労働生活の中断にともなう不安に備えるためには、適切な代替的所得が保障されなければならないとする。ここでかれが、失業に対する保障をも社会保障の対象に含めていることには、現在にいたるまで失業保険を「社会保障」(Sécurité Sociale) の範疇外に置いているフランス社会保障制度の展開を考えたとき、今一度注目する必要があるといえる。

これら多岐にわたる「保障」を実現していくためには、きわめて広範囲にわたる政策が必要となるが、ラロックはそれらを大きく三つの政策によって実行していこうと考えていた。それは、第一に完全雇用の実現を目指す経済政策であり、第二にできる限り疾病を予防し、かりに治療が必要になったときには、最善の条件でそれを受けることができる保険制度・医療機構の整備であり、第三に富の偏在を是正し、国民的規模での連帯を実現する基盤となる所得再分配政策である。これらの政策のなかで、当面の社会保障制度改革において避けることができない課題は、医療保険などの「一般化」をできるだけ早く実施すること、および諸制度をその制度的起源にかかわらず統合・一元化して、その機能を明確にすることであった。

このように、単なる制度改革にとどまらず、社会経済構造全体の改革までを視野に入れたラロックプランの基本的原理は、当然総合的な社会保障システムの導入を目指していたイギリスにおける改革の指針となったベヴァリッジ報告[11]から大きな影響を受けていると考えることができる。そこでラロックプランの特徴をより明らかにするために、ラロックプランにおける「三原則」との対比を中心にしながら、戦後各国の社会保障計画に決定的影響を与えたとされるベヴァリッジ報告とラロックプランの異同について簡潔に考察していくことにしたい[12]。

ラロックプランとベヴァリッジ報告との共通点は、次のような点に認めることができる。第一に、前者における「単一金庫」の原則と後者における行政責任統一原則である。イギリスでは、社会保障に関するすべての業務を担当する専門の官庁として社会保障省が創設されたが、フランスにおける「単一金庫」の原則も同様に、一つの窓口で多様なサービスを実施し、無駄を省くことを狙いとしていた。第二に、「一般化」原則の強調である。この二つの社会保障プランはともに、全国民をその対象とする社会保障を早急に実現するべき課題として構想されていた。第三に、社会保障計画にあたって、ともに社会的な「危険」の脅威を事前に除去するための政策が重視されている点である。職業病・労災などを未然に防ぐためのさまざまな処置、さらに経済政策における完全雇用政策の重視といった点である。第四に、各種社会保険の給付水準の設定にかかわる「自助努力」の強調である。ただし、同じ自助努力の強調とはいっても、両者の間には社会サービスの「必要性」に対する基本的考え方にかなりの差異がみられることには注目しなければならない。ベヴァリッジ報告では、社会保障給付は、「最低生活基準」までの給付を、スティグマを課すことなしに、国民的「権利」として保障するものであるのに対して、ラロックプランに基づくフランスの社会保障制度では、一定の所得水準を上回る所得を得ているものは、通常の社会保険以外の方法でそれぞれ将来に備えるべきだとして、各種社会保険の加入に所得の上限を設けている点である。

これに対して、ベヴァリッジ報告とラロックプランとの大きな相違点は、次の二つの点に要約することができる。第一は、社会保障制度改革にあたっての旧制度との連関をどうするかの問題である。ベヴァリッジ報告においては、社会保障制度の抜本的改革にあたって、局部的利益への顧慮が厳しく戒められ、既得権にかかわりなく、さまざまな共済活動を行っていた認可組合や労災補償制度などが一度に廃止され、諸制度の「社会保険」への包含・統合、包括的な社会サービスを行う「国民保健サービス」の創設などが謳われ、また被保険者の分類は、職種などにはかかわりなく社会保障に対するニーズのみに基づくものとされた。これに対してフランスでは、ラロックプランにおいて「単一金庫」の原則が提示されながらも、根強い共済組合運動の伝統を反映して、結果的に特別制度を存続させることになり、制度間での財源負担や給付水準における格差がかなり大きなものとして残ることになった。

ベヴァリッジ報告とラロックプランにおける第二の相違点は、社会保障における国家の役割をめぐってである。ベヴァリッジ報告においては、「社会保障は国家と個人との協力によって達成すべき」とする一九一一年の「国民保険法」の基本精神以来、社会保障における国家の役割は、財源・制度運営の両面にわたって決定的なものであった。つまり「均一額の保険料拠出に対応する均一額の最低限生活費給付」を柱とする社会保障制度において、財源として、国家・使用者・被用者からなる三者拠出方式が採用され、そのなかでも社会保障財源に占める国庫負担の割合は、ベヴァリッジ報告策定段階ですでに五十パーセント近くに達することが予定されていた。[13]

これに対してラロックプランでは、すでにみたように「社会保障は当事者自身の仕事である」ことが強調され、財源に関しても国家予算に頼ることなく、原則として関係当事者の負担する拠出金・保険料を唯一の財源とすることが謳われていたほか、制度の管理・運営に関しても、のちほど社会保障「組織法」の内容について検討する部分で詳述するように、行政機関ではない金庫理事会を主体とすることが要請されていた。

こうした両者における国家の役割の相違は、経済・社会生活における「社会保障」の位置づけの違いに起因するものであった。イギリスにおいては、一般社会保険など強制保険における保険料の拠出は、当該個人の支払い能力に対応するものではなく、保障される保険給付の価値との関数によって決定されるものとされる。したがって当然、保険料拠出能力と実際の保険給付との間には国民的規模でかなりの齟齬が生じてくることになる。これを埋めるものが租税徴収からなる国庫負担であって、国民は納税を通じて間接的に社会保障に対して拠出を行う。しかもその拠出は、一般の保険料拠出が均一なのに対して、累進課税にともなって所得比例の形を取ることになる。このようにして、イギリスにおいては保険料拠出と租税をうまく組み合わせることによって均一額の保険料拠出の原則と、国民全体に対する最低生活費給付の原則を所得再分配の形で整合させようとしたのである。

これに対してフランスでは、一九二八〜三〇年の「社会保険法」以来、保険料拠出および保険給付の所得比例の原則が維持されてきた。フランスにおいて所得比例拠出・所得比例給付の原則は、イギリスとは逆に、所得が一定の上限を超える場合には制限されたが、国民全体に対して均一額の最低生活費を保障する制度を導入する主張はほとんどみられなかった。したがってラロックプランにおいても、一定の給付水準を維持するために、保険料の負担能力に劣るものに対して、国家財政から補助を行うことは原則として採用されていなかった。[14] こうした基本的考え方の背景には、フランス政治社会における国家の「後見的」（tutelle）な役割に対して、社会保障制度における国家の役割をどのように設定すべきかという大きな問題がかかわっている。[15]

すでに指摘したラロックプランにおける「自律性」原則の強調は、国家の「後見的」役割を強調するフランスの国家機構の位置づけを考えたとき、その意図がよりはっきりしたものとなってくる。つまり第二次世界大戦後のフランスで強調された「社会的民主主義」は、経済計画の推進など国家ディリジスムへの方向性をみせながらも、代議制に必ずしも限定されない多様な国民の政策決定過程への関与を促進する方向をもつものであった。したがって、社会保障制度における「自律性」の強調は、フランス政治社会における国家の伝統的な「後見的」権能に対する構造的な転換の企図を内包するものであったととらえることができる。[16]このように、ラロックプランに基づく戦後フランスにおける社会保障改革計画は、すでにみたようにその内部に矛盾をはらみながらも、単なる制度改革にとどまらないフランス政治社会の構造転換をも視野に入れた、抜本的な新しい社会統制の枠組み形成を意図するものであったと考えることができる。

二　社会保障「組織法」の成立

これまで見てきたような基本原理に立つラロックプランは、すでに述べたように、政府案として臨時諮問議会に提出される前に特別委員会に諮られ、さまざまな社会団体から広く意見を聴取することになっていた。この特別委員会における政府案をめぐる討論では、大きく二つの勢力に分かれ激しく議論が戦わされることになった。それは、政府案を基本的には支持する政府機関・C・G・Tの代表と、それに反対する使用者団体共済組合・C・F・T・

Cの代表との対立である。

この特別委員会における議論の軸は次の二点にあった。第一の争点は、「単一金庫」制の是非である。政府案に対する反対派は、包括的社会保障の必要性には同意したが、次の二つの理由から、第三共和政以来の「複数金庫主義」の維持を主張した。第一に、社会保険・労災補償・家族給付といった「危険」と「保障」の性格を異にする各種制度を単一金庫に一元化する必要性は乏しく、むしろ制度を分離しておいたほうがきめ細かいサービスを実施することができること、第二に、単一金庫の設置は財政基盤の脆弱な中小の社会保険金庫を整理するためには望ましいが、共済組合の長い伝統のうえに立ち、フランスの社会保障システムにおいてきわめて重要な役割を果たしてきた各種金庫の利点を奪い、加入者の「金庫選択の自由」をも侵害するものである、と主張したのであった。[17] しかし、政府代表はつぎのような理由をあげてこれに反論した。第一に、第三共和政期の制度において、「金庫選択の自由」は本当に被保険者の間に存在したのかという批判である。この点に関しては、第3章で述べたように、一九二八～三〇年法においても、共済組合など「類似金庫」(Caisses d'affinité) に加入しないものを対象としていた県金庫への加入者が、各種金庫の予想に反して、当初から五十パーセントを超えていたことが示された。[18] 第二に、さまざまな中小金庫の併存・競争状態は、多くの無駄を発生させ、結果的に被保険者に多くの保険料負担を強いることになるという批判である。つまり第三共和政期において、すでに「金庫選択の自由」を維持するだけの利点は失われているとする指摘である。こうした論点をめぐって、特別委員会では激しい議論が展開されたが、結局当初の政府案が維持されることになった。

第二の争点は、「自律性」原則にかかわる金庫の管理・運営問題であった。政府案ではこれまで公的社会保障制度でありながら、その制度的起源から、運営が使用者団体に委ねられていた家族手当・労災補償を含めて、労使の代表からなる金庫理事会が一切の社会保険の管理・運営を担うものとされていた。これに対して使用者代表は当然反発したが、これまでこうした金庫の運営から排除されていた労働組合・共済組合代表は、全面的に政府案を支持した。ただし、「自律性」原則を具体化させる方法として政府案で示された、金庫理事の選出に関する「最も代表的な職業組織（organisation syndycal）による金庫理事の選任方式」に対しては、C・G・Tとの対抗関係もあって、C・F・T・Cが使用者団体とともに頑強に反対し、特別委員会における最大の論争点となった。M・R・Pの臨時諮問議会議員プリジャン（R.Prigent）は、労働者が最も直接に金庫の運営にかかわれる方法として、金庫理事の選任を直接選挙の方式に切り換えることを主張して修正案を提出した。[19] しかし、この提案は委員会で否決され、政府案はその大筋において変更されることなく臨時諮問議会へ提出されることになった。ただし、政府代表とともに一貫して政府案を支持したC・G・Tも、各金庫理事会に政府代表一名を加える提案には、「自律性」原則と相いれないものとして激しく議論を交えることになった。

このような形で特別委員会での討議を経た政府案は、一九四五年七月五日に臨時諮問議会へ提出され、議会の「労働・社会問題委員会」（La commission du Travail et des Affaires sociales de l'Assemblée）において本格的な審議が始まることになった。この委員会で委員長を務めたのは、C・G・T出身の共産党議員クロワザ（Ambroise Croizat）で、かれはのちに労働大臣に就任することになる。[20]

政府が議会へ提出した最終法案は、基本的にはラロック三原則を維持しながらも、特別委員会における反対意見を考慮して、次の二点において重要な修正を施したものとなった。その第一は、「単一金庫」原則を貫きながらも、当面の例外措置として家族手当金庫の暫定的独立を認めたことである。[21] 第二は、当初の政府案に盛り込まれていた「金庫理事会への政府代表の参加」を労働側委員の一致した反対に考慮して取り下げたことである。ただし政府はこの取り下げの条件として、金庫理事会の決定が、法律違反の疑いがある場合と、金庫の財政状況に危機が生じる恐れがある場合にのみ、金庫理事会決定の実施を「停止させる権限」(droit de veto)を留保することになった。

このような政府の最終法案を審議した「労働・社会問題委員会」は、第三共和政期からC・G・Tの社会問題担当書記として活躍した社会党議員ビュイソン(G.Buisson)が中心となって、いわゆる「ビュイソン報告書」(Le rapport Buisson)を臨時諮問議会に提出した。この「報告書」は、政府の最終法案について、基本的には賛成であるとしながらも、当初の政府案では否定されていた家族手当金庫の独立を暫定的にせよ認めたこと、またすでに検討したように、「社会保障の一般化」を将来の課題として、その実現への明確な道筋を盛り込まなかったことなどをあげて、委員長クロワザの見解として、政府の最終法案が必要以上に反対派に対して譲歩したもので、当初のものより後退しているとの批判を行った。(22) さらに「労働・社会問題委員会」は、政府案のなかに、農業労働者の社会保険の一般制度への編入が、当初のプランに反して盛り込まれなかったことについても批判を加えた。(23)

この「ビュイソン報告」を受けた臨時諮問議会では、政府案を支持する共産党・社会党などC・G・T系の議員と、政府案に反対するM・R・Pに結集したC・F・T・Cや共済組合を基盤とする議員との間で激しい論戦が展開された。とくに反対陣営の中心に立ったのは、プリジャンや「労働・社会問題委員会」委員で政府案に対する修正案を提起したティシィエ(G.Tessier)などであった。(24) こうした政府の最終法案に対する反対派が最も固執した点は、特別委員会における議論と同様に「複数金庫主義」の復活と金庫理事選任方法の修正であった。政府の最終案は、こうした「複数金庫主義」派との妥協を図ることを目指して、家族手当金庫の暫定的独立を盛り込んだものであったが、反対派はきわめて強行に家族手当金庫の暫定的独立ではなく、完全独立を認めること、そして金庫理事選任に関する直接選挙を認めることを主張し、これらを求めてさまざまな修正案を提出した。しかし、当時C・

G・Tの勢力を背景とする左翼勢力の圧倒的優位の議会情勢のなかで、これらの修正案はことごとく葬られた。

そして最後に、このビュイソン報告を経て提出された政府の最終法案をめぐる採決が行われ、賛成百九十、反対一、棄権八十四で政府案は採択された。唯一の反対票を投じたのは、この政府案を「全体主義的である」と喝破した自由共和党員ドゥネィ（J.Donais）であり、棄権票はC・F・T・Cの代表を含むM・R・Pの大部分と急進派の一部であった。(25) ここで注目しなければならないのが、M・R・Pの大部分が反対ではなく、棄権に回ったことである。M・R・Pのこの立場を説明するものとして、投票直前にM・R・P議員ポワンブーフ（Marcel Poinboeuf）が行った次の発言に注目したい。「C・F・T・Cは、複数金庫に固執している。したがって政府案に賛成票を投じることはできない。しかし他方では、社会保障の原理そのものには賛成をしている。だから、その基礎を確立する企画そのものに対して反対することはできない。結論として、C・F・T・Cの態度は棄権である。(26)」このC・F・T・Cの態度は、これまで述べてきたフランスにおける戦後社会保障改革が、イデオロギー的対立を超えた「国民的課題」であると認識されていたことを如実に示すものといえる。しかし、一方では、ラロック三原則に基づく包括的社会保障構想が、議会審議によってその根幹部分について大多数の合意を得られていなかったことは、改革の困難性を裏付けるものともいえる。以上のような経過を経て、ラロックプランに基づく戦後社会保障改革に関する政府案は、第一次憲法制定議会選挙を直前に控えた一九四五年一〇月四日、「社会保障の組織に関するオルドナンス」（いわゆる社会保障「組織法」）として公布されることになった。このオルドナンスの実施は一九四六年七月一日と決まり、さらに労災補償の社会保険金庫への移管だけは一九四七年一月一日をもって行うこともあわせて定められた。(27)

つづいて、この「社会保障の組織に関するオルドナンス」を補完するものとして制定されたのが、一九四五年一〇月一九日「社会保障制度改革に関するオルドナンス」である。この既存の制度の問題点を洗い出し新しい制度枠組みに接合するための改革案は、「組織法」を審議した委員会とは別に一九四五年六月に設置された「社会保険上級審議会」(Conseil supérieur des Assurance sociales)において検討が加えられており、「組織法」制定を受けて公布されたものであった。そこに示された改革の主眼点は次の三つにあった。第一に、それまで社会保険の加入制限として設けられていた収入上限を撤廃し、社会保険の適用対象をその雇用形態・収入状況にかかわりなく、すべての勤労者に拡大したことである。これはラロックプランに示された「一般化」原則の具体化であった。第二に、各種社会保険の給付内容・支給要件における改革である。これは長期疾病給付の導入や社会保険における廃疾と老齢年金の切り離し、老齢年金に賃銀スライド制を導入したことなどである。第三は、医療費支払い方式に関するものである。旧制度では、医師に対して診療報酬決定の自由を与えていたため、社会保険による医療費の償還は事実上機能していなかった。改革はこの弊を改め、地方金庫と医師会との「協定料金」(tarif d'accord)制を導入しようとしたものであった。(28)

さらに「組織法」制定にともなう改革として、旧制度の新しい社会保障体系への取り込み問題があった。これは「家族手当給付に関する一九四六年八月二二日法」と「労災補償に関する一九四六年一〇月三〇日法」によって実施された。この新しい社会保障体系への統合にあたって加えられた改革は、全般的な給付水準の引き上げと家族手当給付における「産前手当」(allocation prénatales)の新たな導入などであった。

しかし、こうした制度改革にもかかわらず、ラロックプランにおける制度改革の一つの柱をなす「一般化」原則の貫徹は、一九四五年五月二三日「社会保障の一般化に関するオルドナンス」の公布を受けたのちも、第三節で検討していくような状況のなかで、結局その実施が見送られ、当初の政策目標を十分に果たすことはできなかった。

そして、この一般化原則の崩壊は、のちの自営業者・農業労働者の老齢年金・疾病出産保険の自立化につながり、一般制度以外にさまざまな「特別制度」が残存する、フランス社会保障システムの複雑な体系形成につながっていったのであった。

こうしたさまざまな問題点を抱えながらも、「ラロック三原則」に基づくフランス社会保障システムは、「組織法」制定によって、以下のように体系化されることになった。[29] 第一に、「単一金庫」の原則に基づいて、それまで危険・職種などに対応して細かく分立していた金庫が単一金庫に統合されることになったこと。こうして生まれた単一金庫は、次のような段階的構成をもつことになった。まず最も基礎的な段階として、疾病、出産、死亡、永久廃疾を除く労災・職業病を取り扱う県単位[30]の「社会保障初級金庫」が、全国に百二十四カ所設置された。ついで老齢年金、永久廃疾を含む労災を管轄するとともに、初級金庫間の財政調整と予防・保健活動を行う、行政地域（région）単位の「社会保障地方金庫」が置かれた。さらに機構の頂点として、地方金庫間の財政調整と全国レベルでの公衆衛生・保健活動を担う「社会保障全国金庫」が設置された。これに初級金庫から当初は暫定的に分離された「家族手当金庫」がほぼ初級金庫の所在地に併設され、これらの金庫によってすべての社会保障サービスに対する給付が担われる体制が作られた。また同時に「単一金庫」主義に基づいて、これまで使用者側のみからの拠出という性格から、その拠出水準に大きな格差のあった家族手当や労災補償の画一化が図られることになった。こうした「単一金庫」主義は、疾病・労災・老齢など異なった部門の社会保険間における「経済的連帯」（solidarité économique）の原理として位置づけられていた。

第二に、「自律性」原則に基づき、各社会保障金庫の管理・運営は、当事者代表から構成される「金庫理事会」が担当することになった。金庫理事会は、初級金庫においては、労働者代表から四分の三、使用者代表から四分の一が選任され、家族手当金庫では労働者代表二分の一、使用者代表四分の一、自営業者代表四分の一の割合で選任されることになった。地方金庫では、初級＝家族手当金庫の代表から二十二名（労働者代表十四名、使用者代表八名）の理事と四名の専門家が理事会を構成し、全国金庫は、地方金庫その他当事者代表が二十六名（労働者代表十六名、使用者その他十名）と八名の政府代表によって構成されることになった。

この金庫理事会の構成において特徴的なことは、「社会的民主主義」の原則に立って、理事会運営における労働者代表の優位性が制度的に保障されるものとなっている点である。つまり保険料拠出における労使折半にもかかわらず、その意見表出権に関して、被用者側の優位を制度的に保障することは、パロディの「理由書」などにも示された、新しい社会・経済秩序において、労働者の劣等感をなくし、かれらが社会の主人公となる手だてを実現するものとしてとらえられたのである。この制度原理は、第三共和政期の「共済組合原則」とは異なる社会保障の「労働者管理」を目指すものであったと評価することができる。

そういった意味でこの社会保障「組織法」は、ラロックが指摘したフランス社会保障における「民主主義的伝統」の大きな質的転換を内包するものであったととらえることができる。さらに特別委員会および臨時諮問議会の審議において最大の争点であった、金庫理事の被用者側代表の選任方法に関しては、「最も代表的な職業組織によって」行われるとされた。このことは当時圧倒的な組織力を誇っていたC・G・Tの強い影響力が各級金庫理事会にも及ぶことを意味していた。

こうした「単一金庫」と「自律性」に基づく社会保障システムの中心的機構となった各級社会保障金庫のうち、初級および地方金庫は「私法人」とされたが、全国金庫のみは「公的機関」とされ、理事には政府代表が加わることになった。このように社会保障金庫が、初級・地方金庫と全国金庫で異なった法的位置づけを与えられたことは、全国民を対象とした国家的事業としての社会保障を、関係当事者の自治管理によって担おうとするところから生じる根本的問題点に関係していた。つまり社会保障金庫をめぐるこうした枠組みは、第三共和政期の「共済組合原則」のうえに立って、あくまでも国家行政組織の外側に社会保障機構を構築しようとする経営者団体・共済組合の主張に対し、もともときわめて多元的な構成をもつフランス社会保障制度を統一化・一般化していくためには、共済組合伝統と相互扶助団体の外に社会保障組織の管理・運営を設定しなければならないとする政府側の主張のあいだの「政治的妥協」として成立したものであった。(31)

こうした「自律性」原則と国家的制度の管理運営との微妙な接合関係は、金庫理事会の運営に対する国家の強力な監督権限にも示されていた。すなわち国家は、各級金庫理事会への政府代表参加を断念することとの引き換えで、全国（地方）社会保障管理部（direction générale (régional) de la sécurité sociale）を通じて、理事会決定の停止、理事会の解散を含めた強力な権限を制度的にもつことになったからである。ここには社会保障における「国家主義」(Etatisme) ではない、国家の強力な統制権限の可能性を追求しようとする試みをみいだすことができる。しかし、この社会保障「組織法」の審議の過程では、こうした「国家主義」ではない「自律的」な社会保障組織運営が、国家の強力な監督権限のもとで可能かどうかといったきわめて重要な問題に対して、十分な検討がなされていたとはいいがたい。ラロックも、この問題に対しては、きわめて簡潔に、「政府委員（commissaire du gouvernement）の役割は、金庫理事会に統制・介入することではなく、その運営を助けることである」(32)と述べているにすぎない。第三節において取り上げるように、C・G・Tは、社会保障の国家統制に対する強い警戒の念をもち、全国金庫に対する抑制機関として「社会保障機関全国連合」を組織したりしたが、そのC・G・Tも、この「国家的制度における非国家的組織の自律的運営」という原則が内包する深刻な問題点については、「国家主義」には陥らない「国民化」

の方向が、金庫理事会の自律的運営によって十分可能であるとの楽観的な観念をもっていたにすぎなかった。[33]

こうした観念の成立を可能としたのは、被用者代表の絶対的優位が制度的に保障された「単一金庫」における理事会が金庫運営の自治権を獲得しさえすれば、被保険者自らが主体となる社会保障管理が実現し、「国家主義」に陥ることのない「国民化」の道を歩むことができるとする、立法を推進した勢力に共通の認識が存在していたからであった。たしかに特別委員会や臨時諮問議会におけるさまざまな反対・修正案にもかかわらず、C・G・Tの力を背景とする左翼勢力の臨時諮問議会での圧倒的優位は、経済計画の策定とともに、この社会保障改革も、「共済組合原則」の克服など「社会的民主主義」の実現という目標に向かって、大いに前進しつつあるとの認識を容易にするものであった。

このように、ラロックプランを原点とし、一九四五年一〇月四日の「社会保障組織に関するオルドナンス」に結実した、戦後フランス社会保障制度改革の第一段階は、「一般化」の漸進的進展に大きな課題と危惧を内包させながらも、パロディの「理由書」に示された「将来に向かっての骨格形成」という当初の目的を達成することにはほぼ成功したと考えることができる。したがって、この「組織法」の成立を推進した勢力にとっての課題は、こうした組織の枠組みのなかにどれだけ具体的政策を盛り込んでいくことができるかであり、逆に反対派は、いかにしてこの組織・機構のなかに複数金庫主義など第三共和政以来の「共済組合原則」を復活させることができるかという政策レベルの議論にかかっていた。

（1）P.Laroque, Social Security in France（S.Jenkins ed.,Social Security in International Perspective,1969）, pp.172-173.
（2）P.Laroque, Le plan français de Sécurité sociale, Revue Français du Travail, avril 1946, p.9.
（3）Ibid.

（4）Ibid., p.10.
（5）Ibid., p.11.
（6）Ibid., p.12.
（7）このラロックプランにおける三原則に関しては、本文中にあげた三つの用語以外にも、「単一金庫」の代わりに「統一性」をまた「自律性」の代わりに「民主化」をあげるなどさまざまな例が存在する。工藤恒夫『現代フランス社会保障論』青木書店、一九八四年、とくに第4章を参照。
（8）P.Laroque, op.cit., p.12.
（9）加藤智章「フランス社会保障制度の構造とその特徴」『法学論集（北海道大学）』三五〜三・四合併号（一九八四年）、一八五頁。
（10）P.Laroque, From social insurance to social security, International Labour Review, June 1948, pp.567-569.
（11）ベヴァリッジ報告に関する研究は枚挙に暇がないが、基本的資料として、W.H.Beverridge, Social insurance and allied services, London, Agathon Press, 1969.山田雄三訳『ベヴァリッジ報告　社会保険および関連サービス』至誠堂、一九六九年。またイギリス社会保障制度の包括性に関する議論として、武田文祥「自由社会と社会保障――ベヴァリッジ報告をめぐって――」『社会科学研究』第三四号五巻、一九八三年など。
（12）ガランは、ラロックは社会保障改革を策定するにあたって、ベヴァリッジ報告からその「統一性」（unité）「均一性」（uniformité）「普遍性」（universalité）について影響を受けたと指摘している。H.C.Galant., op.cit., p.4.
（13）加藤前掲論文、一八九頁。
（14）この保険料の負担能力をめぐる問題は、社会保険がまさに「社会的なもの」であることにかかわる重要な論点である。「私保険」と「社会保険」の根本的相違点は、前者における保険料算出の基準が「危険の大きさ」であるのに対して、後者においては被保険者の「負担能力」に基づくことにある。このことからもわかるように、社会保険における保険料算出基準は、当該社会保険の「社会性」のあり方を指し示すものである。この問題に関して、工藤前掲書、第3章を参照。

(15) 社会保障組織における国家の「後見」性の問題に関しては、Jean Moitrier, La tutelle sur les organismes de sécurité sociale, Droit Social, Mars 1973.を参照。

(16) そうした構造的転換を図っていくための装置としてとくに重要な役割を果たすことが期待されていくことになるのが、「社会保障選挙」などの「社会選挙」であった。しかし、実際にはこの「社会保障選挙」はのちに述べるように一九四七年の第一回を除いてはかなり形骸化したものとなり、事実上、各級金庫理事の被用者代表の選任は、代表的な職業組織すなわち各労働団体によって行われることになった。この「社会保障選挙」の形骸化は、この後フランスにおける社会保障改革の主導権が金庫理事会から国家官僚機構に移っていく要因につながるものであった。

(17) C・F・T・Cは、一九四五年九月一五～一八日の大会において、社会保障制度における複数金庫主義への支持を決定した。H.C.Galant, op.cit., p.31.このC・F・T・Cの複数金庫主義への固執が、結果的にラロックプランの柱であった完全な単一金庫主義の実現を阻むことになる。

(18) Ibid., p.34.

(19) Ibid., p.36.

(20) クロワザの制度改革に対する基本的姿勢を示すものとして、A.Croizat, La réalisation du plan de sécurité sociale, Revue français du travail, août-sept, 1946.

(21) この家族手当金庫の単一金庫からの暫定的独立は、労働側委員から複数金庫主義を封じ込めるための妥協案として提示されたものであったが、ラロックなどは、この家族手当金庫の独立はあくまでも一時的なものにすぎないとして理解していた。H.C.Galant, op.cit., p.31.

(22) Ibid., p.52.

(23) Ibid.

（24）政府案審議のなかで「単一金庫」にあくまで反対したかれらの立場はティシィエの次の発言に要約できる。「民主主義において、崇高なる国家は組合結社の自由（la liberté d'association）によって組織されうるし、そうでなければならない」Ibid., pp.54-55.

（25）Ibid., p.57.

（26）Ibid.

（27）Ibid.

（28）しかし、実際には医師会の反発から多くの地域でこの協定は成立せず、改革はうまくいかなかった。以上の詳細については、工藤前掲書、一二九頁以下を参照。

（29）以下の社会保障「組織法」の詳細については、H.C.Galant, op.cit., pp.29-48.

（30）最も基礎的な社会保障金庫を「県単位」とするのは、「一九二八〜三〇年法」以来の伝統である。一九二八年法に関する当初の政府案では、全国を二十から二十五に分割し、それぞれに設けた「地方金庫」が包括的にその地方の社会保健業務を取り扱うとしたが、各種共済組合との調整がつかず、結局各県に一つずつの県金庫設置となった。フランスにおいてはいわゆる「国家化」の進行によって中央集権権力の強化が一貫して進められてきたことが強調されるが、社会保障制度をめぐっては、「国家主義」批判ともあいまって、反中央集権主義の根強い動きも存在した。一九四五年社会保障「組織法」に集約される戦後社会保障制度の枠組みは、まさに地方自治体（collectivités locales）の反中央集権主義の声がきわめて強く反映した時期に策定されたものであった。これはレジスタンス運動直後であったこととともに、フランス社会保障制度における共済組合原則の伝統とも密接に関連している。

（31）Yve Saint-Jours, Traité de sécurité sociale, Tome 1, p.28.

（32）H.C.Galant, op.cit., p.36.

（33）Ibid., p.37.

第三節　第一次・第二次憲法制定議会と「一九四五〜四六年体制」の確立

第二節において、戦後フランス福祉国家体制の基本原理となった一九四五年一〇月四日のオルドナンス、いわゆる社会保障「組織法」の形成過程を中心に考察してきたが、本節では、この社会保障「組織法」とその後整備されるはずであった関連諸法規を基盤とする経済社会構造の抜本的改革が、C・N・R以来政治の主導権を握ってきた「三党政治」の崩壊のなかで、その方向性を軌道修正し、すでに述べたような「戦後体制」に結実していく過程を追っていくことにしたい。そこではとくに「三党政治」崩壊以後の政党システムの再編が、社会保障「組織法」の具体化を中心的課題としていた社会保障改革の主導権のあり方にどのような影響を与えるものであったのかを中心に考察することにする。そして、そうした「戦後体制」としてのフランス福祉国家体制が、いわゆる「一九四五〜四六年体制」として、一定の安定をみていくことになる要因について考察を進めていくことにする。

一　「三党政治」の展開と制度改革をめぐる対立

社会保障「組織法」の制定を中心とした、抜本的社会保障改革が行われた一九四五年から一九四六年にかけては、フランス政治社会そのものも体制変革と政党システムの大規模な変容を含む変革期にあった。すなわち一九四五年一〇月二一日に国民投票および議会選挙が同時に行われ、前者においては圧倒的多数で「第三共和政」の存続否決が決定し、フランスにおいてはじめて女性が参加した国民議会選挙においては、第三共和政を支えてきた諸政党の没落と、レジスタンス運動を主導した社会党・共産党・M・R・Pの三党が全議席の八割を占めることになった。ここでとくに注目すべきは、第一党となった共産党の躍進とそれに対比される急進社会党の没落である。[1] まず共産党の躍進は、レジスタンス運動において最も多くの犠牲者を出しながらも運動をリードしたという、フランスに伝統的なジャコバン的「愛国主義」によって支持層を大幅に拡大するとともに、「国有化」問題などをめぐり、その政治的動員力を増していた支持協力関係にあるC・G・Tの積極的な活動にも支えられ得票を大幅に延ばしたことに要因を求められる。これに対し急進社会党は、国民投票において第三共和政への復帰を主張して惨敗したように、自分たちの政治的アイデンティティであった第三共和政に対する国民の強い拒否反応のなかで、支持層を社会党とM・R・P双方に浸食され、大幅に後退した。これ以後、かつて急進社会党の代表的支持基盤であった中小商工業者ら（旧中間層）は、自己の政治的主張を代弁する政治勢力を求め、フランス政界再編の鍵を握ることになる。[2] さらにこの旧中間層の社会保障制度改革に対する諸要求は、ラロックプランにおける「一般化」原則の貫徹を阻む大きな要因となるのであった。

この議会選挙をうけて成立した、第三共和政に代わる新しい体制作りのための第一次憲法制定議会（La Premiére Assemblée Constituante）が一一月に成立し、ド・ゴールを首班とする三党連立内閣が成立する。この三党連立内閣のもとC・N・R綱領に基づく諸改革が進められ、電力・石炭などの「国有化」が進められていく。しかし、政党政治への不信をあらわし権威主義的執行権の確立を求めるド・ゴールと、立法権の優位を主張する議会諸政党との対立は、一九四六年一月二〇日のド・ゴール辞任・引退によって幕を下ろし、以後議会の多数を握った三党主導による「三党政治」が開始されることになる。「組織法」成立以後の社会保障改革をめぐる議論も、こうした「三党政治」のもとで展開していくことになる。

そうした状況下において、一九四五年一〇月四日の「社会保障の組織に関するオルドナンス」の公布をうけた後の第一次憲法制定議会（一九四五年一一月～一九四六年五月）では、臨時諮問議会の「労働・社会問題委員会」の委員長であった共産党議員クロワザが労働大臣に就任するとともに、労働・社会問題委員会の委員長には、社会党議員ルネ・ピーテル（René Peeters）が就任し、この二人が中心となって、社会保障「組織法」の中身を充実させるための作業が進められていくことになった。したがって、この時期における社会保障改革の主導権は、依然として共産党・社会党・C・G・Tを中心とする左翼陣営の手にあったと考えることができる。

C・G・Tは、一九四六年四月八日の大会におけるレイノー（Henri Raynaud）報告のなかで、かつての一九二八～三〇年法を厳しく批判するとともに、現在の社会保障体系は完全ではないとしても、不完全部分の充足を求めながら、支持すべきであるとの立場を明らかにした。[3] ここでC・G・Tが求めた不完全部分の充足とは、第一に、暫定的独立を認めた家族手当金庫の社会保障金庫への統合を速やかに図ること、第二に、有給休暇と失業保険を「組織法」機構のなかに取り込み整備すること、第三に、社会保障の適用対象を植民地・海外領土を含めた全人口に拡大することなどであった。[4]

これに対し、M・R・Pなど社会保障「組織法」に対する反対派は、議会において政府の提出する「組織法」関連の諸法規審議に絡めて、一九四五年一二月二二日に「組織法」の根幹に関する修正案を提出したのを皮切りに次々に修正案を反復提出した。反対派の主たる修正要求は、臨時諮問議会での主張と同様に、第一に、複数金庫主義を復活させること、とりあえずは家族手当金庫の暫定的独立を永続的なものとすること、第二に、金庫理事の選任に関して「最も代表的な職業組織による選任」ではなく、当事者の直接選挙制に変更することであり、さらに「組織法」の実施を時期尚早として延期することも要求していた(5)。

こうした修正案は、第一次憲法制定議会における左翼勢力の相対的多数という状況によってことごとく否決されたが、修正案が次々に提出されたことを受けて、第一次憲法制定議会で成立した社会保障改革の関連法規は、一九四六年五月二二日の「社会保障の一般化に関する法」のみであった。この「一般化」法は、戦争・占領によるフランス経済の疲弊状況に配慮して、社会保障の対象領域の全人口への拡大を生産力の回復に合わせて漸次実現していくことを定めたものであった。M・R・Pなどはこの一般化の即時実施を要求したが、この狙いは、むしろ早急な一般化が不可能であるとの表明を政府に行わせ、逆に一般化の例外として共済組合的原理に立つ「特別制度」を存続させようとするものであった(6)。

こうした政府の基本方針に対するM・R・Pなどの反対に対抗して、すでに見たように、現在進められつつある社会保障改革の推進・擁護の基本姿勢を確認したC・G・Tは、「組織法」の原理を定着させ、さらにその発展を図るため、つぎのような政策をとろうとした。第一は、各級金庫理事の選任に関して、社会保障制度定着の成否は理事の力量にかかっているとの認識から、被用者代表の選任に関して「自己の職務遂行に忠実な同志」を送り込むよう傘下組合に対して指示を出した。第二に、「組織法」において「公的機関」とされ、十名の政府代表が参加することになった「社会保障全国金庫」のあり方に対して、社会保障の「自律性」原則を侵害する危険があるものとし、すでにふれたように、この全国金庫の働きを監視する対抗機関として、一九四六年春に「社会保障機関全国連合」(Fédération National des Organisations de Sécurité Sociale)という自治団体を組織した。これはあくまでも社会保障の当事者管理原則を貫徹させようとする主張に基づいていた。[7]

しかし、こうしたC・G・Tなどを中心とする左翼勢力が主導した社会保障改革は、その後の政治状況の変化によって、その方向性を大きく軌道修正していくことになる。すなわち第一次憲法制定議会を共産党、社会党の主導によって通過した憲法草案が、M・R・P、急進社会党に加えて社会党支持層の一部が反対に回るという事態によって否決されたことを受けて、新たに行われた立憲議会選挙に基づく一九四六年六月の「第二次憲法制定議会」の成立[8]である。

選挙後成立したM・R・Pのビドー（Georges Bidault）を首班とする三党連立内閣のもとで、労働大臣には引き続きクロワザが就任したが、労働・社会問題委員会の委員長には社会党のピーテルに代わりM・R・Pのメック（Henri Meck）が就任し、またのちプリジャンが人口問題担当大臣となるなど、従来、政府の方針に異議を唱えていた勢力が社会保障改革にかかわっていくようになる。議会選挙後一九四六年八月から労働・社会問題委員会において、新しい社会保障計画に関する本格的な論戦が開始されたが、そこでは従来とは異なり、M・R・Pを中心とする修正要求に対する支持が高まり、C・G・T系の議員は防戦一方となった。さらにこの集中討議の最後で、労働大臣クロワザが、共済組合がこれまでフランスの社会保障において果たしてきた、そして新しい社会保障組織においても果たすべき役割の重要性を強調したこと[9]は、これまで第三共和政以来の社会保障における「共済組合原則」に強く反対していた共産党出身大臣の発言だけに、議会における論調の変化を物語るものといえる。

こうした社会保障改革をめぐる情勢の変化を受け、第二次憲法制定議会およびその後第四共和政成立直後の国民議会では、C・G・T系議員の反対を押しきって、つぎのような社会保障「組織法」[10]の根幹にかかわる修正立法が行われた。すなわち、第一に、一九四六年一〇月三〇日の「社会保障選挙法」によって、社会保障初級金庫と家族手当金庫の理事選任の方法が、「最も代表的な職業組織による選任」から、直接比例で行われる「社会保障選挙」に基づくものとなったこと。[11] 第二に、一九四八年一月一七日の「職域金庫法」によって、「単一金庫」の原則に反して、一般制度から切り離された商工自営業者を対象とする老齢保険制度の独立を認めたこと。[12] 第三に、一九四九年二月二一日の「家族手当の永続的独立に関する一九四五年一〇月四日オルドナンスの修正法」によって、当初暫定的とされた家族手当金庫の独立が永続化されたこと、[13] などである。

これらの修正立法のなかでも、自営業者に独立した老齢保険金庫の設立を認めた一九四八年一月一七日法は、社会保障「組織法」の最も重要な柱であった「単一金庫」主義を否定するものであっただけでなく、それ以後さまざまな「職域金庫」(les caisses professionnelles) の設立に道を拓いたものとして、戦後フランス社会保障制度史における一つの転換点をなすものであった。すなわち社会保障制度の「一般化」が、単一金庫による全国民の包摂によってではなく、新たな金庫の創設によって各職域ごとに制度に取り込んでいく方向性が明確に打ち出された点である。ここには、ラロックプランをめぐる特別委員会また臨時諮問議会での審議において明確に否定された、フランス社会保障における「共済組合原則」が、社会保障「一般化」を推進していく一つの梃子として位置づけし直されていったことが示されている。

こうした戦後フランスにおける社会保障改革がその方向性を変えた背景には、その最も大きな要素として、国際政治情勢の変化を主要因とする、戦後フランスにおける「三党政治」の枠組みの変化をあげることができる。それを簡潔に整理すれば、「マーシャル・プラン」の受け入れ問題を契機とする、一九四七年五月の挙国一致内閣からの共産党閣僚の排除と、その後の社・共両党間の亀裂の深まりが、第二次世界大戦直後に社会保障制度改革の中心的推進力となった左翼勢力の分裂とその政治的動員力の衰退を招き、社会保障改革をめぐる主導権がかれらから失われたことを意味したと指摘することができる。

しかし、このことは直ちに、ラロックプランに象徴される戦後フランス社会保障改革が全面的に挫折したことを意味するものではなかった。すでにふれた一九四六年五月二二日の「社会保障の一般化に関する法」が、第一次憲法制定議会において「全会一致」で成立したように[14]、全国民を対象とする社会保障制度の必要性に関しては「国民的合意」が成立していたし、各級金庫理事会における被用者代表優位の制度的保障に関しても、C・G・TやC・F・C・Tなどすべての労働組合勢力の意見の一致もあり、経営側の主張する労使同数制への修正要求ははねかえされた。このように「社会的民主主義」に基づく社会保障体系の構築という「戦後体制」の一つの原理は、三党政治の崩壊以後も基本的には維持されたと考えることができる。

むしろラロックプランを原点とし、「社会的民主主義」の前進を掲げた戦後フランス社会保障計画の実現にとって決定的な誤算となったのは、社会保障金庫の運営を主体的に担うはずの労働者団体の分裂と相互不信であった。各級金庫理事の選任が直接比例選挙に改められた最初の「社会保障選挙」(一九四七年四月二四日)において、C・G・Tは社会保障初級金庫、家族手当金庫ともに約六割の投票を獲得し、大半の金庫理事会で過半数を握るだけの勢力を獲得した。しかしすでに芽生えはじめていたC・G・T内部における路線対立は、C・G・T系理事の一致団結した行動を阻み、むしろ反主流派(右派)は主流派(左派)の重要ポストからの追い落としを図るため、C・F・T・C系理事、場合によっては経営側代表とも結んで行動したため、C・G・Tは理事の過半数を占めていながらも理事会の主導権を握れない状況がしばしばみられた。しかもこうした状況は、一九四七年一二月のC・G・Tの正式な分裂、すなわちC・G・T—F・O(「労働者の力」)の結成によって決定的なものとなった[15]。

このように第一次・第二次憲法制定議会期を中心とした社会保障制度改革の歩みは、社会保障「組織法」の基本的原理と枠組みには大きな変化が加えられなかったものの、その制度運営において「社会的民主主義」の理念に基づく「労働者管理」の原則は貫徹せず、第三共和政以来の「共済組合原則」が、フランス社会保障における「民主主義的」伝統として復活・維持されていったものとしてとらえることができる。

二　「一九四五〜四六年体制」の確立

これまで検討してきたように、第一次・第二次憲法制定議会期を通じて、一九四五年一〇月四日の「社会保障の組織に関するオルドナンス」を具体化していくための諸立法活動では、社会保障の「単一金庫」原則と「一般化」原則に関してはかなり大幅な修正が施されたものの、ラロックプランにおけるもう一つの原則、すなわち「自律性」原則はほぼ貫徹されたと考えることができる。この社会保障組織運営・管理に関する「自律性」原則は、第三共和政以来の伝統を受け継ぐとともに、戦後の新しい社会・経済秩序構築の一つの柱として、広い「国民的合意」を得ることに成功したのである。このように社会保障改革の機運が最も高揚した時期に成立した社会保障「組織法」を中心とし、各級社会保障金庫を制度の担い手とするフランス社会保障システムを、その非「国家主義」的特徴と「民主主義」的特性に着目して、フランス福祉国家の「一九四五〜四六年体制」と名付けることにしたい。

しかし、この体制において制度的原理の根幹をなすはずの社会保障の「一般化」原則に関しては、一九四六年五月二二日の「社会保障の一般化に関する法」が「全会一致」で成立したにもかかわらず、実態においてはその達成が遠い将来の課題として位置づけられたままであった。その第一の理由は、すでにふれたようにフランス経済における生産力の回復がその前提とされていたからである。しかし、「一般化」原則の実現を阻んだ最大の理由は、商工自営業者を中心とする中間層の激しい反対にあった。

一九四五年五月二二日の「一般化」法成立を受けて、国民議会が、一般制度の老齢社会保険を一九四七年一月一日から被用者以外の自営業者にも適用拡大することを決めた「一九四六年九月一三日法」を採択すると、商工自営業者を中心とする勢力は、その実施に激しく抵抗し活発な反対運動を全国的規模で展開するとともに、一九四七年一月一日以降は、保険料の拠出を拒否するという強硬手段を取りつつ、M・R・Pなど支持政党に対して、法の執行停止を求めて熱心な働きかけを行った。その結果国民議会は、「一九四六年九月一三日法」の実施を棚上げするとともに、さきにみたように、自営業者の老齢保険を一般制度から切り離された「自治制度」(régime autonome)とする「一九四七年一月一七日法」を採択したのであった(16)。

商工自営業者たちがこのように「一般制度」への編入を頑強に拒み、自立した「自治制度」の創設・維持に懸命になった背景には、次の二つの理由が考えられる。第一に、保険料を労使で折半する被用者と違い、単独で保険料拠出を行わなければならないことからくる重い負担感である。第二に、これまで自分たちより階層的に下位に位置していると考えてきた賃銀労働者と同じ社会保険に少数勢力として加入することは、これまでかれらがフランス社会において保ってきた社会的地位を脅かされることだとする意識である。当時、依然として高い政治的・社会的影響力を有していた商工自営業者たちのこうした意識は、結果的にフランス社会保障の「一般化」を阻むに足る力を発揮したといえる(17)。

この「一般化」原則の挫折にみられるように、一九二八年「社会保険法」の実施延期と同様に、一度議会で承認された法原則が、結果的に社会諸集団の強い抵抗によって否定され、実施に至らなかったことは、ラロックプランをはじめとする、国家行政機構主体の社会保障計画が、第三共和政以来のフランス社会に伝統的な諸集団・団体の

「個別主義」の克服を掲げながら、結局それに成功しなかったことを示すものといえる。[18]

この社会保障の「一般化」の実質的挫折に象徴されているように、第二次世界大戦後、「社会連帯」と新しい経済社会秩序の構築を求める国民の熱い機運のなかで構想された、戦後フランス社会保障システムは、基本原理を打ち立て制度の大枠を作り上げるところまでは成功したが、そうした制度のなかで具体的な政策を実施していく段階で、多くの抵抗に直面し、結局第三共和政以来の伝統を新しい経済社会秩序に適応するものとして読み替えていくなかでようやく具体化していくことになった。これは新しい経済社会秩序構築のもう一つの柱であった、「計画化」にともなうフランス経済の「国民化」(「国有化」)が、モネ・プランの進行過程のなかで、次第にその意義を変質させていったのと同様の経過をたどるものであった。つまり、社会保障計画策定時に主導的政治力を行使した勢力と、その計画に基づいて政策を具体化する段階で政権を把握した政治勢力の間における基本的イデオロギーの相違が、総合的な社会保障システムの政治社会における位置づけをきわめて曖昧なものにしてしまったのである。[19]ここに、フランス福祉国家における「一九四五〜四六年体制」を「戦後体制」として把握する理由がある。

つまりパロディが「理由書」のなかで述べたような「巨大な所得再分配の機構」として「社会保障」を構想した戦後の社会保障制度改革は、成功と失敗の二つの局面を内包していたといわなければならない。すなわち諸社会集団・団体の「個別主義」などフランス社会の伝統的構造を克服し、国民的規模での所得再分配を徹底し、普遍的な社会サービスを提供する基盤を確立する局面においては挫折し、逆にいわゆる社会問題の解決を国家行政機構の手にゆだねず、諸社会集団が自律的に諸制度の運営を行っていくなかで処理をしていくという伝統を継承する局面においては成功したと考えることができる。

しかし、このような制度改革としての不完全さを残しつつも、これまでみてきたような一連の改革の結果成立した「一九四五～四六年体制」は、その後第五共和政成立以後、ド・ゴール政権の手になる一九六七～六八年社会保障制度改革まで基本的には維持されて、その規模的拡大が進んでいくことになる。このように第四共和政期に成立・定着した、この「一九四五～四六年体制」のフランス政治史における最大の意義は、戦後復興と結びついた一連の制度改革の安定によって、フランス政治社会における「福祉国家」(Etat-providence) 概念の定着につながっていったことにあると考えることができる。

この「一九四五～四六年体制」が、第四共和政期を通じて一応の安定性を保ち、フランスにおける「福祉国家」の確立期となった原因として、次のようなフランス政治社会の状況を指摘することができる。第一は、第四共和政における政党システムの問題である。「三党政治」の崩壊後、共産党と右派勢力が政権から離脱し、政権の中核はM・R・Pや自由共和党、急進社会党など中道勢力によって担われていくことになる。しかも諸政党間のイデオロギー的距離は大きく、歴代政権のなかで主要閣僚を歴任した有力政治家の協調によって、政権は辛うじて維持されていた。こうした多極化した政治的イデオロギー状況のなかで、政権与党はつねに多数派形成のため、政治的諸勢力間の協調と妥協を図らねばならず、政権の強いイニシアティブによって、諸階層間の利害対立を乗り越えて、強引な制度改革を行うだけの社会的基盤をもっていなかった。とくに労働者の利害に大きく関係する社会保障制度改革は、労働者階層に大きな影響力をもっていた共産党の協力なしには円滑に行えなかったが、共産党は政権の外から政府に批判を加えていく姿勢を維持した。こうした政党—社会関係のもとでは、既存の制度枠組みを再構築していくような抜本的社会保障改革の実行はきわめて難しい情勢にあった。

第二に、一九四五年から四六年にかけて行われた制度改革ののち、社会保障制度問題は、植民地紛争の激化にともなって、第四共和政の主要な政治課題からしばらく外れたことである。また労働界の分裂と対立状況は、被用者団体からの制度改革要求の圧力を弱めるものとなった。

　そして第三に、「一九四五〜四六年体制」が成立したのち、「一般化」の推進など多くの課題を抱えていた政府は、第5章で述べるように公的扶助制度の社会保険への取り込み[20]など、いくつかの制度改革を実施していったが、各級社会保障金庫理事会など社会保障当事者は、こうした政府の提案のほとんどすべてに対して、「国家」による「社会」への介入であるとして不満を明らかにしていた。つまり国家官僚機構の主導による社会保障改革に対しては、それがどのようなものであれ、社会保障の「自律性」を侵害しかねないもの、つまり「国家」による強引な社会の「国家化[21]」の試みであるとする批判が絶えなかったのである。

　これまで考察してきたように、ラロックプランに象徴される第二次世界大戦後のフランス社会保障制度の抜本的改革は、「単一金庫・自律性・一般化」の三原則をかかげながら、結果的には、第三共和政期以来の伝統である「共済組合原則」を部分的に維持することによってその実現が図られることになった。このことは、「共済組合原則」を支える政治・社会的基盤が維持される限りにおいてはとくに問題を生じさせないが、脱植民帝国化とヨーロッパ地域経済統合が進んでいく第四共和政後半期から第五共和政成立期にかけて、フランス社会保障システムに大きな変貌を迫っていく要因となるであろう。

（1）一九四五年一〇月の選挙（比例代表制）の結果、共産党、社会党、M・R・Pがそれぞれ百五十九、百三十九、百五十の議席を占め、この三党がこれ以後の政局の主導権を握ることが確定した。なお一九四五年選挙の意義と政治諸勢力の再編に関しては、中木前掲書、一六二頁以下参照。
（2）第四共和政期フランス政治社会の変容に与えた「中間階級」の動向を詳細に分析したものとして、Sylvie Guillaume,

Les classes moyennes au coeur du politique sous La Ⅳe République, éditions de la maison des sciences de l'homme d'Aquitane, 1997.

（3）H.C.Galant, op.cit., p.70.

（4）Ibid.

（5）Ibid., pp.61-62.

（6）なおこの「一般化」法は、成立したもののその後の政治状況の変化によって現在でも空文化されたままになっている。

（7）この団体には金庫理事の選任方法をめぐってC・G・Tと激しく対立していたC・F・T・Cも社会保障の「自律性」擁護の点で参加することになった。

（8）一九四六年六月の選挙の結果は、M・R・Pが百六十議席で第一党となり、共産党、社会党はそれぞれ百四十六、百十五と議席を減らして後退した。M・R・P伸長の背景には、「国有化」など基本政策をめぐる社・共両党の対立の顕在化があったと考えられる。

（9）H.C.Galant, op.cit., p.92.

（10）Ibid., p.102.

（11）フランスでは、この「社会保障選挙」(les élections des membres des conseils d'administration de caisses de sécurité sociale）に、従業員代表および企業委員会委員の選挙をあわせて「社会選挙」(les élections sociales）と呼び、「社会的民主主義」の基盤をなすものとの位置づけがなされてきた。「社会選挙」に関しては、P.Pactet, Le droit des élections sociales, Droit Social, mars 1964.を参照。

（12）H.C.Galant, op.cit., p.114.

（13）Ibid., p.136.

（14）Ibid., p.78.

(15) Ibid., pp.123-147.

(16) Ibid., pp.107-112.

(17) Ibid., pp.114-116.

(18) 田端前掲論文、一三五頁。

(19) こうしたフランス「福祉国家」体制のもつ歴史的特性について、社会保障問題に関して多くの論文を発表しているC・G・Tの代表的理論家の一人ドミニック（Victor Dominique）は、次のように述べている。社会保障においては「制度」（régime）と「政策」（politique）を区別する視点をもたなければならない。現行のフランス社会保障制度は、「一九四五～四六年の政策」に基づいて形成された「制度」に対して、この「制度」を決して認めようとしなかった経営側が「一九四五～四六年の原則」とは異なる「政策」を実現しようとしてさまざまな改革を行って修正を加えた結果できあがった「制度」である。V.Dominique, La Nécessaire défence de la Sécurité Sociale, économie et politique, n.262, 1976.

(20) たとえば「国民連帯基金」（le fonds national de solidarité）の一般制度への編入などがあげられる。

(21) 第1章でも言及した、社会の「国家化」概念に関しては、Bertrand Badie et Pierre Birnbaum, Sociologie de L'Etat, Editions Grasset et Fasquelle, 1979.小山勉訳『国家の歴史社会学』日本経済評論社、一九九〇年、を参照。

第5章

フランス「福祉国家」体制の変容

第一節　一九六七〜六八年社会保障制度改革
——ゴーリズム下の「福祉国家」再編

本節では、第4章でみたように、第二次世界大戦後、第四共和政の成立期の政治社会情勢を反映して、ラロックプランを基本原理に体系的な整備が試みられたフランス「福祉国家」体制が、戦後の植民地帝国の解体と、そのことによってもたらされたフランス産業構造の変化および、ヨーロッパ経済統合を柱とする国際環境の変化のなかで、どのような変容を遂げていったのかについて検討する。(1) とくに考察の中心となるのは、一九六七〜六八年にド・ゴール政権下で行われた、大規模な社会保障制度改革をめぐる諸問題である。ここでの論点は、第一に、フランス「福祉国家」の構造的な諸課題が、第五共和政成立をはさむ時期に、どのような観点から問題とされ、大規模な制度改革が模索されるようになったのか、そして第二に、「福祉国家」再編をめぐる政治過程のなかに示された、社会保障制度「近代化」の目指す動きに対する強い抵抗が、フランス「福祉国家」を支える諸原理と内在的にどのように関連するものなのか、ということである。本節では、これらの考察を通して、とくにド＝ゴール政権下での国家ディリジスムの展開が、フランス社会保障システムにおける国家「監督」(tutelle) の内実をどのように変化させようとするものであったのかについて解明することにしたい。

一　第四共和政下における「福祉国家」の展開

フランスにおいて第四共和政期は、相次ぐ植民地の喪失によって、植民地との強い結びつきのうえに成立していた、中小の商工業者を中核とするフランス経済の抜本的改革が迫られた時期でもあった。戦後フランス経済は、戦後復興とともに「ヨーロッパ石炭・鉄鋼共同体」（ＣＥＣＡ）の結成に象徴されるように、対外競争力をつけた高度重化学工業化への産業構造の変換を最大の課題としていた。それは、マーシャルプランの受け入れ以後東西の冷戦構造が定着化していくなかで、余儀なくされた対米協調の枠内で、逆に国家主導による自立的発展の方向を模索する動きでもあった。そうした状況のなかで、資本蓄積に占める国家財政および「国有化」された銀行部門の圧倒的な役割に特徴をもつ戦後フランス経済にとって、何ら新しい投資をもたらさない植民地経営の経費と膨大な軍事費の重圧は、次第に耐えがたいものになっていた。こうした状況を受けて、高級テクノクラート官僚層の形成とともに成長してきた産業資本のリーダーたちを中心に、植民地の早期切り捨てが主張されていた。かれらは、脱植民帝国化を前提に、国家ディリジスムによる経済成長政策を、フランス国家「近代化」路線として強力に推進しようとした。

この植民地切り捨て・高度工業化路線は、Ｃ・Ｎ・Ｒ綱領、モネ・プラン、ＣＥＣＡの結成という、第二次大戦後のフランス政治が目指してきた新しい経済社会の秩序形成の一連の方向性にも適うものであった。しかし、植民地経済と結びついた伝統産業部門（中心は食品・雑貨・繊維などの中小資本）と植民地経営者層は、こうした路線に頑強に抵抗し、フランス植民地帝国の維持を頑強に主張した。こうした動きに、インドシナでの屈辱的な敗北によって大きく揺らいだ威信を回復しようとする軍部が呼応するなかで、激しい独立運動が巻き起こっていたアルジェリア問題の処理は、暗礁に乗り上げていくことになる。このアルジェリア問題を最大の焦点とする植民地問題は、結局第四共和政そのものを機能不全に陥れることになる。

こうした政治体制の根幹すら揺るがすに至った脱植民地化と、そのなかで不可避の課題とされた、フランス国家「近代化」とりわけ産業構造の大胆な転換の動きは、フランス社会の階級構造に大きな変化をもたらすことになった。そのなかで最も特徴的なことは、旧中間層の政治的・社会的影響力の低下であり[2]、それと対比的な国家行政機構と結びついた経済テクノクラートの進出である。とくに植民地経済との強い結びつきのなかで、これまで相対的に安定した勢力を築いてきた中小商工業者たちの喪失感・疎外感は深刻であった。やがてかれらを中心として、フランス独特のポピュリズム的運動が、第四共和政期に誕生することになる。それがアルジェリア戦争とほぼ同時に生起し、また衰退した「プジャード（Poujade）派」の運動であった[3]。この一時的に隆盛をみた「プジャード派」の展開過程は、植民地の相次ぐ独立とフランスの国際的威信の低下に対する反発、そして旧秩序への回帰をノスタルジックに主張する運動が、短期間のうちに拡大していく社会的基盤の存在を示すものであり、その後のゴーリズム成立の社会的諸条件の一つとしてもとらえることができる。しかし、この運動がそれ自身成熟していかなかったことを考えると、プジャード派の盛衰は、大革命以来フランス政治変動の原動力ともなってきた小市民ジャコバン主義の基盤でもあった、農村部を中心に維持されてきた伝統的な社会構造が、最終的な崩壊段階に入ったことを象徴するものであったとも考えられる[4]。

この「プジャード運動」の登場と挫折に象徴されるフランス社会の構造変化は、発展過程にあったフランス福祉国家に対して、つぎのような問題点を投げかけることになった。第一に、社会保障「組織法」成立にともなう大幅な機構改革にもかかわらず、フランス社会保障制度を支える基本原理として機能してきた「共済組合原則」の社会的基盤の脆弱化である。とくに中南部の農村地域などフランス国家の「近代化」路線に取り残されていった地域においては、これまでさまざまな機能を担ってきた各種共済組合の財政基盤が窮乏化し、一般制度から独立したさまざまな「特別制度」を補完する機能を十分に果たせなくなっていったことである。第二に、これまでフランスにおける社会保障制度「一般化」の推進にとって阻害要因であった、被雇用労働者に対する中小農民層・旧中間層の相対的優位性の喪失である。むしろ一九六〇年代以降のフランス社会保障システムにおいては、この旧中間層の社会保障制度への包含がもたらした財源面での重い負担を、どの社会セクターが負担するかという問題が深刻化していくことになる。(5)

こうした産業構造の変容にともなう新たな問題群の発生は、第二次大戦後の産業復興戦略と第四共和政という政治体制の枠組みのなかで成立したフランス福祉国家体制に極めて大きな影響を及ぼすことになった。社会保障制度全般をめぐるこうした状況の変化に対して、社会保障「組織法」によって「自律的」な制度運営の権限をもっていた各級金庫理事会は、医療費償還制をめぐる医師会との対立など多くの難問を抱え、状況の変化に対応する新しい社会保障機構構想を提示することはできない状況下にあった。(6)むしろ、一九五六年六月の法律によって制定された「国民連帯基金」による付加手当の支給開始は、老齢者に対する「無拠出」給付である点と、その財源措置として国庫負担の導入が承認された点で、社会保障制度における財政的自律性原則に大きな問題を提起するものであった。もちろん老齢者に対する必要最低限の所得保障の実現は、第二次大戦直後からの大きな課題であったが、その制度的必要性がただちに国庫負担の導入を正当化するとはいえない。しかし、こうした国庫負担の導入が社会保障制度の自律性原則とどういう関係にあるものかに関する詳細な検討が十分になされた形跡は乏しい。すなわち国家による制度の運営・管理を排除するものとして成立した自律性原則は、いかなる原理にたって、財源問題に象徴される制度運営の最終的な責任を担うことができるのかという問いは未解決のままであった。もし社会保障制度運営の自律性原則に基づき、後見監督機関の影響力を極力排除して、各級金庫の運営を図ろうとすれば、最終的な財源負担の責任は社会保障制度全体にしか求められないから、財源が不足する金庫に対しては、国庫ではなく「一般制度」からの財政移転を考えるほかはないはずである。しかし、この一般制度への過重な負担を求める社会保障制度の抜本的な改革案は、当然一般制度の理解をきわめて得にくく、したがって、制度改革を一般制度の利益代表が多数を占める金庫理事会のイニシアティブによって進めることをきわめて困難なものにしていた。これに対して、新たな視点からフランス社会保障制度の構造改革を提示しようとしたのは、第五共和政の定着とともに議会内において新しい多数派を形成しつつあったのちのド・ゴール派と、国家ディリジスムの担い手である高級テクノクラート官僚たちであった。

アルジェリア紛争に端を発した第四共和政の閉塞状況は、最終的にド・ゴールの再登場、さらに第五共和政の成立へとつながっていく。ド・ゴール政権は、国民投票における自己の政策に対する圧倒的支持を背景に、議会内反対派等を押さえ込むことに成功し、アルジェリア独立を達成させることで「植民地放棄」(décolonisation)の過程を完了し、組織されたヨーロッパ統一市場への積極的な参入にフランス経済発展の方向性をみいだす。それは端的にいえば、国家ディリジスムを背景とした「新資本主義」(Néo Capitalisme)路線の推進であった。とくに欧州共同市場との密接な連繫を前提とする本格的な「高度経済成長」政策は、一九五八〜六一年の「第三次計画」に象徴されるように、これまでの消費財中心の生産構造から、輸出志向型の重化学工業化を推し進めるもので、この路線は「第二次農業革命」とも評される農村社会構造の急激な変化[7]をともないながら推進されていくことになる。

こうしたフランス国家「近代化」路線において、その主要な担い手である高級テクノクラート官僚は、社会保障システムを産業構造転換のために再編成する必要性を痛感していた。ところが、フランス社会保障システムは、一定の財政負担を国庫に強いる存在であるにもかかわらず、その組織の運営において「自律性の原則」が確立されており、国家ディリジスムの直接的管轄権の外側に存在していた。そのなかで、産業構造の変化と制度の「成熟」によって不可避的に増大していった「特別制度」の赤字を補塡するための財政負担は到底放置できない状態にあった。のちに、ともに高級テクノクラート出身のポンピドゥ（George Pompidou）、ジスカールデスタン（Giscard d'Estaing）両政権の中核を担っていく経済テクノクラートたちは、賃銀スライドにともなう給付水準の向上と、「一般化」の拡大にともなって増大していた各種社会保障金庫に対する国家補助を大幅に削減し、経済成長にとって効率的な財政投資を重点的に行っていくために、社会保障制度全般を国家ディリジスムの枠内に組み込むことが不可欠の課題であるとの認識をもっていた。

しかし、この社会保障制度の「近代化」は、制度全般に関する抜本的な改革を国家行政機構のイニシアティブのもとで実施することを目指すものではあっても、社会保障「組織法」と密接なつながりをもつC・N・R綱領が当初想定していた「国営化」ないしは「国家管理」の方向を目指すものとはまったくその目的を異とするものであった。そこで追求されている社会保障の「近代化」とは、フランス社会保障制度を、近代化に適応力をもたない構造をもつ部門や地域における近代化の促進という基本的視座に立って再構築することを意味していた。そしてそのためには、制度全体の枠組みと保険料拠出や保険給付の水準が競争的市場の原理を損なわないように、各級金庫理事会が独自の判断で給付水準の見直しをはかり、金庫財政の「健全化」を図ることが期待されていた。つまりそこで企図されていたものは、「特別制度」とくに農業制度など大幅な赤字を抱えた金庫に対する国家財政からの支出を削減し、非生産的部門から成長部門への労働力の移転など経済成長を促進する政策に適合的な形で、フランス社会保障システムを再構成しようとするものであった。

したがって、このフランス国家「近代化」路線において追求された社会保障の「近代化」とは、第二次大戦後の社会保障改革の計画策定にあたってパロディが述べた「強制的な相互扶助の巨大な国民的組織」としての「社会保障」の制度的完成を目指すものではなく、社会保障制度の国民経済における位置づけの転換をも視野に入れた構造転換を指向するものであった。それは第一に、「社会保障」概念そのものを、そうした措置なしでは生存最低限の所得を維持できない者に対する最低限の保障を中核とするものへと再定義し直すことを想定していた。そして第二に、財源問題や制度の運営責任の問題を含め、単なる「調整」ではない「抜本的改革」を目指した「福祉国家」の構造転換に、のちほどみていくように、社会保障組織における国家「監督」のあり方を含めて取り組んでいくことを意味していた。こうした第二次大戦後の社会保障改革の理念の根幹にかかわる変革を指向しつつあったド・ゴール政権下での国家ディリジスムの展開は、経済成長を志向し地域産業や労働力の再配置を強引に推し進めようとするものであり、こうした政策体系が、「戦後体制」の一環として成立した、フランス福祉国家体制のなかで生み出されてきた諸問題の解決と、はたして整合性をもつものであるのかどうかという大きな論点を提示するものとなった。

これらの改革が意図された一九六〇年代は、国際的に順調な経済成長を背景として、「福祉国家」の実現が、各国において広く国民的合意を獲得した時期であり、フランスにおいてもEtat-providenceという概念が、国民経済の拡大と結びついた社会保障制度の体系的整備を意味する「福祉国家」を指し示すものとして、次第に広くフランス社会において認識されはじめていた。こうした時期に、社会保障制度に担保される政治社会の責任の範囲を可能な限り削減し、国家が関与する社会政策の対象を「保障」（securité）の概念から「扶助」（assistance）の概念に置き換えることによって、社会保障制度全体の規模的縮減を図り、効率的・戦略的な財政運営を実現しようとする国家ディリジスムの動きに対しては、さまざまな方面から反発が生じてくることになる。こうした「戦後体制」からの脱却を目指し、社会保障制度改革をフランス経済の均衡ある発展のための政策手段として位置づけ直す社会保障「近代化」の動きと、「社会連帯」の理念に立つフランス福祉国家の存立基盤を引き続き維持し発展させよう維持しようとする動きの対立のなかで、これからみていくように、一九六七～六八年社会保障改革が強行されていくことになる。

二　一九六七～六八年社会保障制度改革と「福祉国家」の変容

フランスにおける社会保障制度改革は、第二次世界大戦後の「計画化」路線のなかで、一九四七～五三年の「第一次計画」を皮切りに、次々に策定されていく計画において「社会給付委員会」による報告という形で継続的にその見直しが進められてきた。しかし、一九六七年八月二一日にド・ゴール政権は、従来の方法とは異なり、事前に関係機関と協議することをほとんどせず、社会保障改革に関する四つのオルドナンスを発表し、抜本的な社会保障改革を強行しようとした(8)。

この、第二次世界大戦後最も抜本的と呼ばれた、ド・ゴール政権のもとでの社会保障改革は、一九六七年三月の国民議会選挙における、共産党とド・ゴール派の伸長、M・R・Pに代表される旧中間層を支持基盤とする右派中道勢力の没落という、政界の二極構造化の進展という政治状況を背景としていた。そしてこれらの改革は、議会軽視・高級経済テクノクラートへの依存を高めていったド・ゴール政権（第二次ポンピドゥ内閣）が、ヨーロッパ統合問題への対応を理由に、経済・社会問題に対する六カ月の全権（特別権限に基づく政令制定権）の政府への付与を強引に決定した直後に発表されたものであった。

この特別権限に基づくオルドナンスとして発表された社会保障改革案における提案理由としては、つぎの二点がとくに強調されていた。第一に、主として医療費の増大によって生じた一般社会保険部門の赤字を解消すること、第二に、過重な保険拠出金負担による企業の国際競争力低下を防ぐことである。このなかでとくに深刻な問題として認識されていたのが、疾病保険の慢性的な赤字の増加であった。金庫理事会における被用者代表の強い要求を受けて採られるようになった一九六〇年五月二〇日のデクレに基づく医療費償還率の改善と、先進技術導入にともなう診療経費の増大、さらに国民一人当たりの医療消費量の増大は、さまざまな支出抑制の努力にもかかわらず、疾病保険の赤字解消の実現を程遠い状況にしていた。[9]

こうした状況を受けて政府が提示した改革案は、(1)社会保障の組織運営と財政組織の改組、(2)薬剤および医療費の償還率に関する疾病保険の改正、(3)家族手当の改正、(4)疾病・出産に関する任意保険の一般化、の四つのオルドナンスから成り立っていたが、改革の焦点は次の四点にあった。[10]

第一は、社会保険部門の赤字を解消するための「支出抑制・拠出負担増大」であった。すなわち、疾病保険の償還率を引き下げるとともに、傷病手当金の一部を廃止するなどして支出の削減を図ること、さらに疾病保険の拠出上限を変更して、被用者の拠出負担額を賃銀の六パーセントから六・五パーセントへと引き上げたことである。

第二に、社会保険金庫機構の改変である。フランス社会保障制度の根幹を形成したラロックプランに示された「単一金庫」原則のもと、フランスの社会保険金庫は、家族手当金庫を除いて各級社会保障金庫に一元化されていた。しかし、この改革では「会計上の明瞭化」を根拠として、社会保障全国金庫を疾病・労災、老齢、家族の三つの全国金庫に分割した。そして慢性的な財政赤字を抱えていた疾病保険全国金庫については、理事会に独自の財政権限を与え、拠出料の引き上げや給付水準の見直し、給付カットなど、財政均衡を主眼とした金庫理事会運営が可能となるようにしたことである。

第三は、金庫理事会の管理・運営に関することで、まず、これまで被用者代表優位が保障されていた各級金庫理事会を労使双方九名の代表から構成されるものに変更したこと、さらに被用者代表理事の労働者による直接選挙が行われることになっていた「社会保障選挙」を廃止して、代表的組合組織の任命制に切り換えたことである。(11)

第四は、農業制度など特別制度の赤字を埋めるために、一般制度からさまざまな形で行われていた「制度間財政移転」を整理し、その位置づけを明確にするとともに、一般制度金庫からの強い要求を受けいれて、その一部を国家予算からの支出とすることを承認したこと、(12)であった。

これらの改革のうち最も大きな争点となったのは、金庫理事会のあり方を含む社会保障機構の改革問題であった。社会保障「組織法」に基づく第二次世界大戦後のフランス社会保障システムは、「単一金庫」がさまざまな部門から拠出される保険料を一元的に取り扱い、さまざまな「危機」の発生に応じて個別的に保険給付を行うしくみを、社会保障における「経済的連帯」の原理に基づいて制度化していた。これに対して全国金庫の分割は、「危機」相互間の財政連帯の考え方を否定し、それぞれの社会保険部門が財政的に自立できる方法でその制度枠組みを再検討することを要請したのであった。また金庫理事会の「労使同数代表制」は、経営側のかねてからの主張にそうものであるとともに、「社会的民主主義」に基づく戦後フランス社会保障制度の根本原理を否定し、社会保障制度の運営における使用者側の主導権を確保する狙いに立っていた。とくにこの点は、一九六七〜六八年ド・ゴール改革が、一般にフランス社会保障システムにおける「雇い主改革」（La réforme patronale）と評される所以である。[13]

この改革案が提示されるやいなや、労働組合や共済組合など各方面からは激しい反発がおきた。とくに金庫理事会の構成の改革に対しては、第二次大戦後フランスの労働者が勝ち取ってきた社会保障に関する成果の消滅を象徴するものとして、これまで路線問題をめぐって激しく対立していた労働界も一丸となって激しい運動を展開した。しかし、この社会保障改革に関する四つのオルドナンスの実施は、労働組合側の激しい抗議運動のなかでしばらく頓挫したものの、学生蜂起に端を発した一九六八年のいわゆる「五月危機」の収拾が図られる場面において、ポンピドゥ首相の仲介になる政労使間の「グルネル（Grenelleg）協定」のなかで、医療費償還率の引き下げ問題を除き、ほぼ政府案を受け入れる形で決着が図られ、[14]六月選挙後に成立した議会によって承認されていった。これらの改革案をめぐる問題が、グルネル協定において一応の収束をみた背景としては、金庫理事の「労使同数制」をはじめとして、労働側に強い不満が存在したにもかかわらず、行政監督の強化等を極力排除して労使の自律的運営による諸制度の運用維持を図るためには、使用者側の発言権強化はある程度止むを得ないとする考えが広く存在したことがあげられる。そしてこうした考え方が、結果的に労働側の足並みの乱れとも相まって、改革案を大筋で受け入れることにつながっていったと考えられる。

この四つのオルドナンスに結実した一九六七〜六八年ド・ゴールの社会保障改革は、これまでみてきたように、「フランス経済の国際競争力強化」を理由として、第二次世界大戦後の社会保障システムの構築における経営側の失地挽回を図った、いわゆる「雇い主改革」と揶揄される内容を含むものであった。しかし、この改革がフランス「福祉国家」体制に与えた決定的な意味は、社会保障制度を国庫の財政負担を期待することなく、労使の保険料拠出（cotisation professionelle）だけで運営させていこうとする政府の狙いがはっきりと示されたことにあった。[15]つまりすでに述べた社会保障「近代化」の方向である。

こうした社会保障改革の方向性は、「国民的連帯」の実現を目指してきたフランス「福祉国家」の歩みを、高度産業化・対外競争力の強化という経済政策に従属させるものだとする批判を浴びながらも、一九七〇年代以降の世界的な「福祉国家」批判の拡大のなかで、それ以後も基本的には維持されつづけたと考えることができる。

このように一九六七～六八年ド・ゴール社会保障改革は、脱植民帝国以後のフランス国家の「近代化」を掲げ、フランス福祉国家における「一九四五～四六年体制」の転換を図ろうとしたものととらえることができるが、ここでその意義と成果を整理してみることにしたい。第一に、産業構造の変化に対応し、フランス国家「近代化」路線のなかに、社会保障システムを位置づけ直そうとする社会保障「近代化」の推進は、社会保障全国金庫の部門別独立と給付水準の見直しに示されているように、短期的には国庫補助の削減など一応の目的を達成したものと考えることができる。

また第二に、「社会的民主主義」の原則に立ち、第三共和政期の「共済組合原則」とも官僚主導の「国家管理」主義とも異なる、社会保障の「労働者管理」を目指していた社会保障「組織法」における金庫理事会の被用者代表の制度的優越性を否定したこの改革は、被雇用労働者の積年にわたる劣等感の克服を目指すなど「一九四五～四六年体制」が内包していたゆるやかな社会変革としての要素の消滅を意味した。

しかし、第三に、このド・ゴール改革は、社会保障「近代化」政策が抱えている矛盾を露呈させるものでもあった。つまり「近代化」の推進は、社会保障の「自律性」原則を掲げるフランス社会保障制度のうえに立って、あくまでも労使の保険料拠出によって社会保障制度の運営を図りつつ、その方向を企業の対外競争力強化など国家目標に沿うものにしていこうとするものであった。ところが、一九五〇～六〇年代に進んだフランスにおける社会保障の「一般化」は、脆弱な財政基盤しかもたない多くの特別制度を叢生させ、社会保障システム全体の維持のために、国家財政の関与と諸制度間での財政調整が不可欠であることを明らかにしていた。しかし、この社会保障「近代化」路線は、社会保障全国金庫の部門別分割にみられるように、各金庫にそれぞれ効率的な運営を行う「自律的」権限を与えようとするものであり、ラロックプラン以来の課題である「自律性」原則と「一般化」の矛盾など、フランス社会保障制度が抱える構造的問題の解決は先送りされたにすぎなかった。とくに制度間財政調整の問題は、社会保障「近代化」路線が否定しようとしてきた、国民的規模での「経済的連帯」の理念を媒介としなければ、国民各層の間に合意を形成することが難しく、政府も特別制度の財政基盤安定のため、短期的とはしながらも国庫からの支出を約束せざるをえない状況に置かれていた。(16)

これまでみてきたように、一九六七〜六八年のド・ゴール改革に代表される社会保障「近代化」路線は、一部ではたしかにドラスティックな制度変革を行うことに成功したが、「一般制度」への過重な財政負担の問題など「制度間財政調整」を含む抜本的改革を行うための基盤を十分に確立することには成功しなかった。その背景には、社会保障システム全体における「国家」の位置づけと、社会保障制度を支える理念としての「社会連帯」の意義に関しては、「一九四五〜四六年体制」の成立時に議論された根本的問題が依然として未解決のまま残されていたことがあげられる。(17)

つまり、社会保障各級金庫は、公機関である全国金庫を除き私的機関であるため、その運営に国家が直接介入することは許されず、あくまでも理事会の決定事項に対する審査権などごく限られた行政「監督」(tutelle) のみが可能であるとする原則と、加入者数の減少や年齢構成上の変化に起因して、不可避的に運営が危機的状況にある金庫の破綻を未然に防ぐための処置が求められるという現状とをいかなる原理によって接合するかという問題である。

一九六七～六八年制度改革においては、これらの問題に対して、国家後見（監督）の権限強化とは反対に、保険領域ごとに金庫組織を分割することによって、財政状況の透明化をはかり、財政問題の解決をも当事者である労使にゆだねる政策を打ち出すものであった。しかし、この政策は、財政的に自律できない「制度」の存在を許容しながら、それらの制度に対する財源確保の方策を明確化しない点において、自律性原則の真の確立という名目を掲げながらも、その実において社会保障制度の運営に関する国家責任の回避を企図したものにすぎないと指摘できる。

すなわち国家ディリジスムを背景としたド・ゴール政権下の社会保障改革は、疾病保険の慢性的赤字解消などを目指した、一見すると政府主導による大胆な制度改革と考えられがちであるが、その実態においては「自律性原則」を標榜することによって、国家後見の及ぶ範囲を逆に形式上の監督権に限定し、社会保障制度の運営に関する政治責任の軽減化を図る狙いをもっていたと考えることができる。[18] こうした政策の背景には、社会保障機関に対する行政的後見の強化による諸改革に対しては、労使双方を含むすべての当事者団体の反対が予想されたことと、各級金庫理事会に対する行政後見の強化を図っても、社会保険の受給権者の範囲や、支給の枠組みを短期的に大きく変更することは社会保障制度の性質上不可能だと判断されたことがあげられる。

また「社会保障」の概念を見直し、「保障」（sécurité）の概念を再定義して、社会保障システムを自己自身の力では最低の生活水準を維持できない者を対象とする「扶助」（assistance）の体系と、制度利用の利便性・効率性の観点から新たに構築される諸社会保険の体系に大きく二分して再構成しようとする動きに対しても、給付水準の下方的平準化を進めるものだとして国民各層から強い抵抗が示された。その背景には、社会保障制度の「成熟」と、産業構造の変化による職業別・階層別の社会的格差の縮小傾向とともに、フランス政治社会における、相互扶助（mutualité）の理念に立つ「共済組合原則」の伝統の強さを改めて指摘することができる。のちに、高齢化の進行と制度間格差の解消を主要な目標として行われた一九七三〜七四年の社会保障改革においては、「制度間財政調整」の原理をめぐって与党内からも異論が続出し、議会での審議が激しく混乱することになった。結局このときも、制度間の移転は「財政連帯」というフランス社会保障制度における「連帯」原理を推し進めたものにすぎないというレトリックを、政府が提案理由のなかで使わざるをえない状況になった[19]。

しかし、フランスを取り巻く国際的状況の変化のなかで、フランス福祉国家における「一九四五〜四六年体制」が大きな変革を迫られていたのも事実である。それは第一に、労働組合の組織率や共済組合の加入率の急激な低下に象徴される、フランス経済社会の構造変化の進行である。こうした変化は、社会保障システムの非「国家主義」的な当事者運営の原則に対する「国民的合意」の基盤が揺らぎつつあることを指し示すものでもあり、国家セクターと非国家セクターがどのような役割分担を行いながら社会保障制度を充実させていくかという大きな課題を生み出すことになった。そして第二は、ヨーロッパ統合の本格化にともなう社会保障システム再編の問題である。資本・労働力の域内自由移動のなかでは、各国の社会政策上の格差を速やかに是正し、諸制度の平準化を図ることが避けられなくなってくる。それは単に制度間の互換や財政・会計上の標準化にとどまらず、各国の雇用政策や社会保障制度を含めた政治体制上の諸原理にもかかわりのある、きわめて大きな問題である。これらの諸状況のなかで一九六七〜六八年の制度改革以後、フランスにおける「福祉国家」の再編はいよいよ本格化していくことになる。

（1）第二次世界大戦後のフランス社会保障制度の展開過程に関する基本文献として、加藤智章『医療保険と年金保険、フランス社会保障制度における自律と平等』北海道大学図書刊行会、一九九五年を参照。

（2）第四共和政期における旧中間層の政治的動向については、Sylvie Guillaume, Les Classes Moyennes au Cœur du

Politique sous la IVe Republique, Editions de la maison des science de l'homme d'Aquitaine, 1997.なおこの時期における政党システムの再編をめぐる諸問題については、中山洋平『戦後フランス政治の実験 第四共和政と「組織政党」一九四四〜一九五二年』東京大学出版会、二〇〇二年、を参照。

(3) Ibid., pp.72-84.「プジャード派」は、フランス南西部のブドウ酒・繊維など伝統的小規模農業・手工業地帯を中心に広がった、伝統的社会構造と中小所有者の自立を取り戻そうとした復古主義的運動であった。かれらの運動は最初大企業優遇の重税政策に対する「反税闘争」としてはじまったが、やがて大企業支配の温床である国家官僚主義批判、さらに反議会主義を掲げ、一九五六年国民議会選挙では南西部を中心に得票総数の十パーセント近くを獲得した。

(4) この一九五〇年代における「プジャード派」と十九世紀末のブーランジスムに代表される国粋ナショナリズムとの異同については、中木康夫『フランス政治史』(中) 未来社、二七三頁以下を参照。なお二〇〇二年大統領選挙で決選投票に進み、フランス政治史に大きなインパクトを残したFN (国民戦線) のルペンは、この時期プジャード派の連合の一員としてパリから議員に選出されていたが、まもなくプジャード派とは袂を分かっている。

(5) 社会保障制度における非被傭者の割合の拡大は、当初労働法典のなかに包含されるはずであった労働災害等を含む社会保険諸規定が、結果的に一九五五年五月二〇日のデクレ第六〇一号による授権を受けて、一九五六年一二月一〇日のデクレ第一二七九号により成立した「社会保障法典」に整理されたことにも示されている。

(6) この時期に西欧の多くの国で社会保障機構改革が着手されているのに対して、フランスでは社会保障機関の当事者にその必要性があまり認識されなかった一つの理由として、人口構成の高齢化の進行がフランスは相対的に遅れていたことがあげられる。これは第一次世界大戦後の出生率の低下によってもたらされたものであった。

(7) この近代フランス農業史上における画期的事態と評される「農業構造改革」は、欧州共同市場に対する農業市場の開放を前提としたフランス農業の対外競争力強化を目指すものであり、一九六〇年の「農業指導法」(「ドブレ法」) に示されたように、経営基盤の拡大・機械化を促進する農業投資を拡大しようとするものであった。中木前掲書 (下)、八四頁以下を参照。

（8）一九六七～六八年のド・ゴール政権の社会保障改革に関するものとして、上村政彦「フランスにおける一九六七～六八年社会保障改革の構想と問題点」『国際社会保障研究』健康保険組合連合会、一九七一年がある。また Droit Social, La réforme de la securité social, numéro special, Janvier, 1968.は、この一九六七～六八年社会保障改革の全体像を示す報告・論文を網羅している。なおド・ゴールの社会保障改革をより広い視点から考察したものとして、David R.Cameron, Continuity and Change in Franch Social Policy: The Welfare State under Gaullism, Liberalism.and Socialism,（John S.Ambler ed., The French Welfare State: surviving social and ideological change, N.Y.Univ.Press, 1991.がある。

（9）Droit Social, op.cit., pp.18-23, pp.36-40.

（10）煩雑を避けるため、第一のオルドナンスのみを正式に記す。l'ordonance n.67-706 relative à la l'organisation administrative et financière de la sécurité sociale.

（11）「社会保障選挙」は、一九四七年から四回行われたが、次第に形骸化していき、代表的労組の事実上の指名に基づく選出が慣例化する傾向にあった。労働者の直接選挙に代わって採られるようになった「代表的な組合団体」からの任命制に金庫理事の選出が切り換えられた結果、九名の被用者代表は、共産党系のC・G・T、社会党系のC・F・D・T、F・Oなど五つの団体から組合員数に比例して選出されることになったのに対し使用者側は、C・N・P・Fのみが「代表的団体」に指定され、分裂している労働代表に対して常に優越する構造が固定化した。工藤恒夫『現代フランス社会保障論』青木書店、一九八四年、一四七頁。

（12）それぞれの改革の概要とその狙いについての政府側からの説明として、Droit Social, op.cit., pp.8-17.

（13）事実、この改革に盛られた内容は、経営者の全国組織C・N・P・F（Conseil National du Patronat Français）が、すでに一九五五年の総会以降表明していた、社会保障についての諸要求をそのまま具体化したものであるとの評価もある。工藤前掲書、第V章参照。

(14) この「グルネル協定」において、賃金や企業内労働組合活動などに関しては、経営側が大幅に譲歩したにもかかわらず、社会保障改革に関するオルドナンスの撤回が実質的になされなかったことは、労働組合間における「社会的民主主義」概念の相違が主張の亀裂を生み、提案撤回にまで政府を追い詰められなかったとする指摘もある。中木前掲書、二一三頁以下。

(15) H.C.Galant, Histoire Politique de la Sécurité Sociale Française, Armand Colin, 1955, pp.31-34.

(16) 上村前掲論文、四九頁。

(17) Leon-Eli Troclet, Le rôle de l'Etat dans l'organisation de la sécurité sociale, Droit Social, n.12, 1958.が議論状況を把握するうえで有益である。

(18) Ibid., p.188.

(19) フランス社会保障制度における「制度間財政調整」の諸原理については、工藤前掲書、第6章を参照。

第二節　正統性の危機とフランス「福祉国家」の再編
――ジュペ・プランの挫折を中心として

一九九五年一二月、パリすべての公共交通機関の全面的な麻痺にいたった大規模なストライキは、セーヌ河をボートで通勤する市民の映像とともに、国際的にも大きな注目を集めるものとなった。このストライキは、その前月ジュペ（Alain Juppé）首相によって発表された大規模な年金制度改革案への公務員などの大規模な抗議行動に端を発したもので、厳しい寒さの続く暮れのパリを震撼させる深刻な事態に発展した。結局政府は一連の抗議行動に押される形で、この一九九五年社会保障制度改革いわゆる「ジュペ・プラン」の大規模な修正を迫られることになる。

このジュペ・プラン発表以後の混乱状況の背景には、後述するように、一九九五年のシラク大統領誕生後に就任したジュペ首相の政権運営に対する反発もあったと考えられるが、一連の混乱の根本的な要因は、政府の目指した社会保障制度改革そのものに対する国民の大きな意義申立てにあったと考えることができる。この大規模な意義申立ての意味を正確に把握するためには、以下の点を明らかにする必要がある。第一に、ド・ゴール政権末期の一九六七〜六八年に行われた社会保障制度改革以来の抜本的な改革と称された、このジュペ・プランが目指していた主要な改革目標は何であったのか。第二に、この社会保障制度改革案のうちのどの部分が国民の大きな反発を招いたのか。そして第三に、その後の国民議会選挙での与党連合の敗北による政権交代によって、ジュペ政権のもとで企図された一連の制度改革には大きな政策転換がなされたのかどうかである。

このジュペ・プランをはじめとする、社会保障制度改革をめぐる混乱状況は、現在のフランス福祉国家が抱える問題状況の多面性を典型的に示すだけでなく、第二次世界大戦後の西欧諸国家を特徴づけてきた「福祉国家」そのものの基盤の変容を改めて浮き彫りにするものであった。これまで「豊かな産業社会」の成立を背景に、完全雇用の実現と社会保障制度の広範な充実によって、その内実を確実なものとしたと考えられてきた福祉国家は、就業構造の変化や人口構成の高齢化、さらには経済のグローバル化にともなって、その構造的再編成を迫られている。しかし、現在いわゆる「福祉国家の危機」に関する最大の課題は、そうした国民経済運営上の有効性に関するものではなく、国民統合や政治体制の正統性にかかわるイデオロギー的諸原理に関するものであると考えられる。

本節では、こうした現代世界における福祉国家の正統性をめぐるいくつかの論点と結びつけながら、一九九五年のジュペ・プラン前後のフランス福祉国家再編に関する諸議論を検討し、この時期の社会保障制度改革が、第二次世界大戦後本格的に形成・発展してきたフランス福祉国家の基本的原理のいかなる意味における抜本的改変を目指すものであったのかを明らかにし、フランスにおける「福祉国家」再編の方向性を見極めていくことにしたい。

一　フランス「福祉国家」の課題と正統性の危機

一九八〇年代以降、ヨーロッパ各国における第二次世界大戦後の階級的対立状況における妥協の産物ともいえる、福祉国家形成に関する「合意」は終焉し、さまざまな方面からの批判によって、福祉国家は大きな危機と再編の時期をむかえているとされる。危機の第一は、いわゆる新自由主義的諸改革を推進していくための政治経済体制形成を目指す立場からの福祉国家政策に対する批判である。この立場は、完全雇用政策と社会保障政策の充実が、租税や社会保険料の高額負担をまねくとともに、非効率な経済部門や非生産的な就労形態の残存を許し、経済のグローバリゼーションのなかで国際的競争に対応するために求められている企業経営の効率化と生産性の向上を阻んでいるとする視点である。

危機の第二は、閉鎖的な国民経済の終焉にともなう、社会政策上の国際的標準化への対応によって引き起こされるものである。とくにヨーロッパにおける地域経済統合の進展は、資本と労働力の移動に関する域内自由化により、加盟各国間の社会政策上の格差の是正を迫るものであり、財政赤字の圧迫を求める意味からも、急速な社会保障制度改革が各国にとって焦眉の課題となっている。またこうした社会保障制度の国際的標準化の要求は、アングロ・サクソンモデルの国際的会計基準への統合の動きにも関係して、ヨーロッパ各国だけでなく、日本などにおいても大きな問題となっている。

危機の第三は、先進国が共通して抱えている、経済成長の鈍化と人口構成の高齢化にともなう社会保障財源の逼迫である。このなかでとくに人口構成の高齢化の問題に関しては、今後はヨーロッパ各国よりも、急速な経済成長を受けて福祉政策の充実を求める政治的要求が高まってくることが予測される、東アジア地域などでより深刻な問題を生み出してくる可能性をもつものと考えることができる。

しかし、ここで指摘したいずれの危機も、二十一世紀初頭における福祉国家の存在基盤を否定しうる決定的な要因ではないと考えることができる。たとえば、一九八〇年代に英国で進められた、現在の新自由主義的諸改革のさきがけとなる、サッチャー政権の大胆な福祉制度改革は、すでに述べたように結果的に社会保障予算の大幅な削減など当初の目標を実現することに成功しなかった。こうした結果をまねいた最大の要因は、サッチャー政権の進めようとした大規模な制度改革が、救貧法以来の伝統をもつイギリス福祉組織の根幹を揺るがすものとして、保守的宗教組織を含む社会各層の広範な抵抗を引き出し、その実現が阻まれたことにあった。このサッチャー政権のもとでの改革の挫折を典型的な例とする、新自由主義的な福祉国家の再編への動きに対する社会保障制度の「抵抗力」の問題は、福祉国家体制の改変に関するいわゆる「経路依存性」の視点からの分析など現在多くの論点を引き出すものとなっている。

またヨーロッパ地域統合にともなう各国社会政策の標準化も、紆余曲折はありながらも一応順調に前進し、当初懸念されたほど各国の社会政策に根本的な変革をもたらす要因とはなっておらず、大きな混乱を招く事態にはなっていない。むしろ、EU内での議論では、統合されたヨーロッパは、強力な社会的保護を維持しつつ、十分、他の経済地域と国際的に競争をなしうるとする見解が有力になりつつある。つまり、高い社会保険料の負担などが企業の競争力を弱めているとする新自由主義的な福祉国家に対する批判に対して、国民所得に占める社会的保護費用が低い国家の方が、良好な経済的パフォーマンスを得ているとはいえないとする主張である[1]。ただし、EUが中東欧諸国など地域統合の対象地域を拡大させていったことによって、元来異なった経緯・制度的起源をもつ各国の社会保障制度の枠組みが、社会政策上の大きな差異をつくりだす要因になっていることは、今後EU内における大きな課題となっていくであろう。

さらに人口構成の高齢化にともなう社会保障財源の枯渇の問題も、各国間で大きな違いをみせはじめている。たとえば、日本・イタリア・スペインなどでは、引き続き出生率の低下に歯止めがかからず、高齢化が予想された速度を上回って進行しているため、今度は年金原資の不足などが懸念されているが、アメリカや他のヨーロッパ各国では年金など社会保険の財源問題よりも、新しい「社会的疎外」への対応をめぐる社会的費用の負担に関するものがむしろ現在大きな問題として意識されている。ただし、韓国・台湾など日本を含む東アジア各国など、まだ本格的な「福祉国家」を形成していない国において、この急速な高齢化社会の到来は、今後、社会保障制度をめぐるさまざまな問題を深刻化させていくであろう。

これまで検討してきたように、現在福祉国家の危機として指摘されているものの多くは、社会経済状況の変化の観点からは必ずしも説得力ある論拠を示すことができないものと考えることができる。にもかかわらず、現代の福祉国家が大きな曲がり角をむかえていることが喧伝されている要因は、財政危機などを背景としながらも、より根本的には現代の国民国家に対する信頼性の低下、つまり正統性の危機が、福祉国家そのものの危機としてとらえられていることにある。このことはいわゆる「福祉国家」がこれまで国民国家の統合に果たしてきた機能に対する根本的懐疑が拡大していることを意味しているともいえる。

こうした福祉国家の再編を取り巻く諸状況のなかで、フランスにおける「福祉国家」再編をめぐる議論において重要なことは、すでに述べてきたように、「福祉国家の危機」と呼ばれるものの本質を見失わないことであろう。現在福祉国家をめぐる根本的な議論は、財政問題ではなく、現代国家の正統性にかかわる問題である。たとえば「福祉国家の危機」に関してローザンヴァロン（P.Rosanvallon）が指摘しているように、「福祉国家の真の財政危機といえるものは存在しない」[(2)]のであって、福祉国家にかかわる財政問題の議論の焦点は、福祉国家の発展とその財政的効果に含まれる所得再分配の程度をどうするかという極めて政治的な問題である。したがって、制度間の財源調整の問題など狭い財政問題に着目することで、フランス福祉国家の再編をめぐる動向を把握しようとすることは、社会保障制度改革のもっている大きな政治的意味を見失わせることになりかねない。つまり人口高齢化と年金支出・医療費の増大への対応といった、制度の調整をめぐる議論ばかりに眼を奪われるのではなく、福祉国家の再編がフランス政治社会の構造的再編とどのように関連しているかを見定めることが重要である。とくにフランスにおいては、社会保障制度をめぐる議論が、常に共和国の責務としての「社会連帯」のあり方にかかわる問題として取り扱われてきたことを見落としてはならないであろう。つまりフランスにおける社会保障制度改革をめぐっては、社会連帯の手段としての社会保障システムという理念をどのような形で政策として具体化する方向が目指されているかを見極めることが重要である。

現代の福祉国家論における大きな課題は、福祉国家の正統性に対する二つの懐疑、すなわち経済的パフォーマンスの面と政治・社会的な面の双方の面での議論に目を向けることが必要な点である。第一の主として経済的有効性に関しては、一九五〇～六〇年代の安定した経済成長期とは異なり、失業率の低下、もっと積極的には国民全体の経済活動への参加率をいかに高めるかという観点から検討が進められている。とくにフランスにおいては、一九八〇年代以降、慢性的な高失業率、とくに若年層のそれが常に政権を悩ませる大きな課題となってきたが、現状は新たな雇用政策の必要性の是非を超えて、いうなれば「雇用社会」そのものの危機とでも呼べる事態を惹起させている(3)。こうした事態は、社会的には、二十世紀初頭以来大きな社会的影響力をもってきた、ブルーカラーを中心とする労働組合の組織率の急激な低下、そして政治的には、それとほぼ同時に進行しているフランス共産党の勢力後退に示されている。単純・熟練労働に代わり、知識集約型の労働が増加するなど、労働の質と雇用形態の大きな変動は、福祉国家がその基盤としてきた、安定した雇用社会そのものの基盤を崩壊させつつあるといえる。

第二の政治的・社会的側面に関しては、従来の国民的規模での所得再分配的な福祉国家政策の限界が指摘されている。つまり、租税や保険料徴収と社会保障給付を組み合わせることで、所得階層間の格差の解消を図っても、学歴など文化資源を中心とする格差を解消することにはならず、国民国家レベルの社会的統合を生み出し得なくなりつつある点である。とくに、移民の流入など社会的・文化的に多元的な集団が、フランス社会に流入していくなか、教育や文化政策を含めた、社会的疎外への本格的な対処が新たな社会政策の課題として登場している点は重要な問題である。北アフリカ出身のムスリム系住民などの増大や、長期失業者の問題、さらに法的な婚姻関係を結ばずに「同棲」(union libre) を行い、出産・育児を行う事例の急増など、フランス社会の構造的転換にともなって、近年フランスにおいても社会保障に占める社会扶助 (公的扶助) の役割が増大している。貧困者対策と社会的疎外対策の両方の目的をもつものとして、一九八八年に導入された「同化最低所得」制度[4] (RMI) の運用に関して、困窮者に対する所得保障とフランス社会への同化のどちらの機能に政策の力点を置くかなど、すでに述べた「雇用社会」そのものの変容とも関連して、社会扶助の受給権がモラル・ハザードの問題を引き起こさない制度設計のあり方をめぐって、多くの議論がある。[5]

年金や医療・労災などの社会保険給付を中心とし、国民的な所得再分配政策を柱としてきた福祉国家は、二十一世紀に入り、これまで述べてきた「雇用社会」そのものの変容や、社会連帯の前提となる個人の自律性の変貌などによって、その基盤が大きく揺らいでいると考えることができる。現代の福祉国家は、失業や労災などにとどまらない、個人の孤立化や社会的コミュニケーション能力の衰退などにともなう、「新しい危機」に基づく社会的疎外への対処、さらにはジェンダーにかかわる問題など、さまざまな課題に対して、新しい制度枠組みの創設により、国民各層の信頼性を回復することができるかどうかが真剣に問われる状況を迎えている。

二　ジュペ・プランの登場と挫折

これまで示したような大きな課題を抱えたフランスの社会保障システムの現状に対して、「失業との闘い」を選挙公約として当選を果たしたシラク大統領は、政権発足直後から長期失業者に対する「雇用促進契約」を創設するなど、積極的に就業率の引き上げを目指した。さらに、深刻化している財政赤字の抑制を図るため、フランス国鉄の再建案を提示するとともに公務員等の年金改革案を提示しようとした。こうした一連の流れのなかで、一九九五年一一月一五日に国民議会に提出された「社会保障の改革に関する首相提案」[6]は、とりわけ年金制度と医療保険制度に関する大胆な改革案を含んでいた。

ジュペ・プラン（Le Plan Juppé）と称されるこの改革案[7]では、まず現行のフランス社会保障システムは、複雑化し、公平性を欠き、非効率となっていると指摘し、これらの問題を解決するためには、つぎの二つの方向に沿った抜本的制度改革が必要であるとしていた。第一に、第三共和期から引き続いているフランス社会保障制度における団体協約主義的システムを根本的に見直し、普遍主義的システムに変更すること。第二に、そうした普遍主義的システムに相応しい財源を新たに確保することである[8]。

第一の点に関して、ジュペ・プランは、フランスの社会保障制度が多様な制度の並立によって支えられている点を最も大きな問題点とし、すべての人々に公平で、責任の所在が明確で、効率性をもった「社会保障」を実現することを課題としてとりあげている。とくに現行の年金制度をめぐっては、保険料負担と給付水準との整合性をめぐり諸制度間にかなりの格差があり、この改革案でもフランスの公的年金制度は実質的公平性を欠いているのではないかとする批判が根強いことが示されている。[9] また家族手当制度に関しても、企業の労働者に対するパトロナージュに起源をもつ制度で、元来給与の一部として取り扱われるものであったにもかかわらず、現在では雇用との直接的関係がほとんどみられない形で給付が行われていることから、国民のあいだに不公平感・不合理感が存在することが従来から指摘されてきた。ジュペ・プランでは、こうした状況を受け、今後の社会保障制度改革の方向として、社会保障に対する責任の所在、とくに政府の責任の範囲を明確にする必要があることを指摘している。

社会保障に対する政府の介入強化に関しては、ジュペ・プランでは二つの改革が盛り込まれた。第一は、各社会保障機関と国家との間で、制度管理やサービスの質的確保に関する協約を締結し、その協約が正しく履行されているかを監督する「監視評議会」(Conseils de surveillance) を設けたことである。[10] これは、従来、社会保障機関に関する国家の「監督」(以前は伝統的なtutelleの概念が用いられていたが、ミッテラン政権下での地方分権改革以来contrôleが用語として用いられている) が、人事や会計検査などに基づくものであったのに対して、監視評議会の役割を通じて、国家と社会保障機関との間に契約関係を成立させ、社会保障機関の自律性と国家の政策目標との調整を合理的に図っていこうとする考え方である。第二は、ミッテラン政権のもと一九八二年に、被用者代表優位に改変された各級金庫理事会の構成を、再び労使同数制に戻すとともに、被用者代表の理事任命を選挙制から主要各組合の指名に切り換えたこと、そして理事会の構成員に政府が指名する有識者を加えることであった。

今回の改革案で最大の焦点となった年金問題に関しては、フランスの公的年金制度をめぐる諸条件の変化をまず指摘しておく必要がある。第一は、さまざまな要因によって引き起こされた高齢者就業率の低下の問題である。経済成長と慢性的な労働力不足を移民労働力に頼っていた一九六〇年代には、ピエール・ラロックを委員長とする「老齢問題研究委員会」[11] の報告に示されているように、高齢者雇用の必要性とそのための条件整備が説かれていた。[12]

しかし、経済成長が終息し第一次石油ショックの影響から雇用情勢が厳しくなっていく一九七〇年代後半からは、逆に高齢労働者の退職年齢、すなわち年金支給開始年齢の引下げを求める動きが、主として労働組合の側から強く主張されるようになった。こうした早期退職（préretraite）を求める声、さらにミッテラン政権発足以後、失業の削減を大規模な雇用の創出によって図っていこうとする政策が推進されていくなかで、一九八三年の年金改正が行われ、プルペンション[13]を六十歳から支給する制度が採られることになった。しかし、年金支給開始年齢の繰り延べを目指している他国とは違う方向性をもった、こうした年金支給開始年齢の引き下げと高齢者就業率の低下は、フランスの年金問題をきわめて深刻なものにしている。

もう一つの大きな課題であった財源問題に関しては、とくに次の二点が重要である。すなわち年金の財政方式の問題と累積赤字を抱えた医療費の抑制問題である。第一の年金の財政方式をめぐる問題に関しては、フランスにおける最初の本格的な年金制度である、一九三〇年代の社会保険法では個人別勘定による積立方式がとられてきたが、第4章で述べたように、ヴィシー政権下で無拠出の老齢年金制度を導入するために賦課方式に切り換えられて以来、第二次大戦後の制度改革以後も、一貫して賦課方式をとってきた。しかし、国際的競争力を高め、また国民に貯蓄による自助意識を高めるためにも、これからの年金制度は積立方式に切り換えるべきだとする意見が、社会保障改革の審議会においてしばしば主張されてきた[14]。現在のところ、この賦課方式から積立方式への転換は、フランス社会保障制度の原理にあわないものとして退けられているが、これからも再び吹き出しかねない議論である。しかし、今回のジュペ・プランでは、年金制度の抜本的な改革は結局提示されず、公務員など特別制度の年金制度改革だけが示された。

そして、この年金改革と並んでジュペ・プランにおける改革の柱とされたのが、医療費の抑制を柱とする医療制度改革に関する提案である。フランスにおける医療制度問題の最大の課題は、医師と患者のあいだの直接的な報酬取り決めという原則と、公的医療保険との整合性をいかに図るかということであって、この問題をめぐっては、一九七〇年に開業医と医療保険機構との間の全国的規模の協約である全国協約方式が採用された以後も、その改定の度に激しい混乱をまねくほど根強い対立点となってきた(15)。そうした経緯のなかで、今回ジュペ・プランにおける医療制度改革の特徴は、医療費の抑制をより実効力ある形で進めていくために、医療指標による医療内容にまでふみ込んだ医療行為の質的規制と、医療報酬および処方箋料の伸びに関する目標値の設定という量的規制という、二つの面から協約制度を見直していこうとするものであった。しかし、このジュペ・プランにおける医療制度改革の課題は、この点だけにとどまらず、むしろ高齢化社会の到来と高度医療の進展によって増大している医療費の抑制と、一般医療に代わってその規模が拡大しつつある病院医療をどのように取り扱うかの問題である。医療費の抑制は社会保障費抑制の最大の鍵を握るものであるにもかかわらず、全国協約がたびたび改定されていることからもわかるように、あまり成果を上げているとはいいがたい。また一般医の位置づけに関しては、高齢化社会をむかえ、高度な医療だけではなく社会福祉的対応が求められるところから、地域におけるさまざまなケアの担い手として一般医の増大が求められているにもかかわらず、一般医は減少しつづけているという現状がある。

こうした年金改革や医療制度改革をめぐる議論に象徴されているように、ジュペ・プランの背後にある、フランス社会保障制度をめぐる状況とそれが抱える問題点は、社会保障システム全体の整合性を、高齢化という人口的要因を中心としながらも、それにとどまらず、普遍的な社会サービスとしての質をいかにして高めていくかの点にかかわっている。しかしこうした問題点は、これまでも繰り返し指摘されてきたにもかかわらず、社会保障制度改革をめぐっては、さまざまな社会集団とそれらを背景にもつ政治勢力間の調整がなかなかつかず、機構改革を含む大がかりな改革はずっと先送りされてきたきらいがある。これを抜本的に改革しようとして登場してきたのがジュペ・プランであった。

このジュペ・プランの狙いを端的にいえば、ラロックプランに基づくフランス福祉国家の非「国家主義」的特性の最大の課題であった「一般化」原則と「自律性」との調整を、社会保障制度の当事者運営主義の原則を大きく変更することによって行おうとするものであった。それは具体的には、社会保障制度運営の自律性原則の形骸化に対して、国家の財政的関与の増大を背景に、社会保障制度への国家機構の介入の強化を実現しようとするものであった。こうした政策には二つの根拠が示されている。第一は、労使の代表を中心とする各級金庫理事会による社会保障制度の自律的運営の原則が、すでに述べた近年の労働組合の組織率の漸減と、被用者代表の各級金庫理事の選挙における労働者の投票率の低下などによって、その正統性に大きな疑問が提起される状況になっている点があげられる。この点はさらに、社会保障制度の「一般化」の進展によって、一般制度の対象が非被用者を含む広範な国民各層に拡大した結果、労働組合組織を一般制度の受益者の代表としてみなすことの根拠にも多くの疑問が提起される状況となっている。第二は、各種社会保障金庫の財政赤字を補填するため、国家予算から社会保障金庫への財政移転が増大していることで、労使の負担する保険料だけでなく、目的税など他の財源の比重が高まるにつれて、財源の負担者がその運営・管理についても応分の権限をもつべきだとする考え方が強まっている点である。

こうした状況を受けて、フランスにおける社会保障制度を、従来その中心をなしてきた保険料を財源とし、労使の自律的な制度運営に委ねるべき「職域連帯」の原理に基づく社会保険の領域と、社会扶助など基本的に租税を財源とし、国家が責任をもって運用すべき「国民連帯」の原理に基づく領域に分けて、それぞれの役割と財源構造を明確にすべきだとする議論が、ジュペ・プランを積極的に推進しようとした勢力、とくに経営者団体からは強く主張されることになった。

このようにジュペ・プランは、五十年前のラロックプランでも指摘されていたフランス社会保障システムの問題点を改めようとするものであるが、同時にEU通貨統合を視野に入れて各国で進められている財政構造の調整、つまり財政に占める社会保障支出の削減政策の一環をなすものでもあった。この財政に占める社会保障支出の削減に関しては、翌一九九六年二月の憲法改正によって、社会保障拠出を法律事項とし、この法律案を予算法律と類似する議決手続きに服させることにした[16]。これは社会保障支出が、フランス社会の人口構成上の変化すなわち高齢化によって、今後不可避的に増大し、とりわけ諸年金制度の会計状態の悪化から、諸制度金庫への財政拠出が増大することをできるだけ防止するために、各種金庫に対する財政拠出を政策的に実施していく手段を確保する狙いをもつものである。またそれと同時に、社会保障制度の運用に関しても、たとえば協約に対する違反をくり返す医師に対する一定の強制措置の可能性など、法規範としての性格を付与する狙いも兼ね備えたものと考えることができる[17]。

さらにジュペ・プランでは、社会保障財政の立て直しのため、「社会負債償却基金」を設立し、その財源として「社会負債返済拠出金」の導入が図られている。この社会負債返済拠出金[18]は、社会保障各金庫の累積赤字、とくに一般制度や老人連帯基金の慢性的赤字を解消するための緊急措置として、九四年度、九五年度および九六年度に予測される赤字分を返済するため、二〇〇八年度までの約十三年間という期間を限定して、社会負債返済拠出金を徴収するものである。この新たな社会保障財源の確保は、慢性赤字解消のための期間限定とはいえ、新たな目的税的性格をもつ制度の創設であり、これが社会的費用負担の公平化の観点から妥当な財政政策なのかどうかをめぐって活発な議論の対象となった。

こうしたフランス社会保障制度の抜本的改革を企図するジュペ・プランが発表されるやいなや、フランス国内では各方面から、政府の予想をはるかに上回る猛烈な反対運動が提起された。とくに労働組合のなかでも、共産党系のC・G・Tや急進派のC・F・D・Tに比べて、穏健派と考えられてきたF・Oが、公務員を中心的支持母体にもっていることから強硬な反対運動の中心に立ったこと、(19)および医療制度改革に対して、医師団体（C・S・M・FやF・M・S）が強力な反対運動を展開したことは、事態をきわめて深刻なものにした。こうした強力な抵抗の背景には、第一に、ジュペ政権が、大統領および国民議会の多数派と同一の政治勢力によって支えられ、しかも大統領選挙の直後で当面は大きな国政選挙が想定されていない状況にあったにもかかわらず、これまでの年金制度改革議論などから各方面との事前折衝は改革の停滞を招くと判断して、労使をはじめ社会保障関係団体と一切の事前交渉を行わず、極秘に改革案を作成し、抜き打ち的に発表したという政治手法に対して、国民各層が抜きがたい不信感をもったことが大きな要因として指摘できる。第二に、これまで繰り返し行われてきた医療費削減を主要な狙いとする社会保障制度改革とは異なり、このジュペ・プランが、社会保障システムの当事者運営主義を原理としてきたフランス福祉国家体制の根幹を揺るがし、国家主導による諸制度の統合・調整をかなり強引に進めようとするものと受け止められたことにも大きな原因が存在した。

ジュペ・プランに先立つさまざまな改革に関する、各種審議会および国民議会における各派の主張からうかがわれることは、フランスにおける社会保障制度改革に関しては、それがあくまでもフランス政治社会の基本的価値観に根ざしたものでなければならないという主張である。つまり、社会保障制度を「国民的（社会的）連帯」の手段として、基本的理念として労使の代表からなる金庫理事会の自律的運営の枠内で発展させていくという原則は、国家の財政的関与の増大にもかかわらず維持していこうとする考え方であった。この考え方は、全般的な組織の退潮傾向のなかで、社会的影響力を維持する場として金庫理事会を活用しようとする労働組合にとっても、また企業の保険料負担等が、国家の財政政策によって一方的に決定されることを防ごうとする経営者団体にとっても、きわめて重要な意義をもつものであるといえる。

したがって、このジュペ・プランに基づく改革に関する議論も、EU通貨統合にともなう財政の均衡化の必要性といった短期的視野だけが、焦眉の課題として論じられておらず、「福祉国家」の再編をフランスの政治・社会構造のなかに定着させ、国民的理解を得ることができる制度原理を懸命に模索しようとする考え方のなかで展開されたといえる。こうした点は、短期間に抜本的改革を実現しようとし、急進的な新自由主義改革のモデルと一時は絶賛された、ニュージーランドにおける改革の指向性などとは異なり、フランスにおける社会保障改革をめぐる漸進性と、それが常に「社会連帯」を責務とするフランス共和政の存立基盤とのかかわりで議論されてきた伝統が示されていると指摘することができる。ただしここで注意しなければならないのは、主として財源問題を中心にミッテラン政権末期から始まり、このジュペ・プランによってその骨格が示されたフランス社会保障改革の全体が、いわゆる「福祉国家」の危機を一つの大きな契機とするフランス政治社会の構造的再編とどのような形で関連し合っているのかは、依然として不明確な点である。つまり、市場原理を大幅に導入した社会保障システムの「民営化」による新自由主義的な改革を志向するものなのか、逆に、国家がさまざまな制度をコントロールする権限（とくに財政面）を掌握して、社会保障制度の「国営化」とでも呼べる方向を目指す、国家ディリジスムを志向するものなのかが、はっきりしないということである。

そして、現実の問題は、第一に、こうした「福祉国家」のあり方に対するフランス社会の議論状況が、EU統合に象徴されるような、各国の社会政策をも拘束していく国際的政策決定過程の広がりのなかで、どこまでその存立意義を保ち得るか、第二に、従来からの自律性の原則や共済組合組織の伝統など「職域連帯」の原理が、社会的疎外への対処など「新しい危機」にかかわる問題に本当に適合的なものかどうかといった点に存在している。

ジュペ・プランに基づくフランス社会保障改革は、すでに述べたような公務員を中心とする大規模なストライキの発生をうけ、公的部門の年金制度などにおいて大規模な修正を余儀なくされたものの、社会保障制度組織の改革や新たな社会保障財源の確保などの中心的課題に関しては、ほぼ当初の政策どおりの改革の実現に成功した。しかし、こうしたジュペ・プランに基づく改革への法的枠組み形成の実現が、フランス福祉国家の再編に関する明確な方向性の形成につながっていったとは必ずしもいえないと考えられる。なぜなら、一九九七年の国民議会選挙において、フランス国民は社会党を第一党に押しあげることであえてコアビタシオンを選択し、ジュペ政権を退陣に追い込んでいるからである。もっともUDF―RPRの連立によるジュペ政権の選挙における敗北の原因は、社会保障制度改革に対する反発だけにあったわけではない。したがって、この選挙結果からフランス国民はジュペ・プランを拒否したといった判断を下すことはできない。

しかし、国民議会選挙後成立した左翼連立のジョスパン政権が、成立直後のいわゆる「所信表明演説」のなかで、新政権の最優先課題として「雇用」の創出を取り上げたことは、ジュペ・プランで企図された年金制度改革などに対する国民の根強い反発を明らかに意識したものと考えることができる。シラク大統領は、政策の一貫性の観点から、ジョスパン政権成立後も前政権の進めた社会保障改革の継続の必要性を強調したが、ジョスパン政権が進めた、ワークシェアリングによる雇用拡大を目指した法定労働時間週三十五時間制の導入や法定最低賃金の引き上げ、さらに早期退職の奨励策などは、当然に年金制度を中心とする社会保障制度改革の見直しを要請するものと考えることができる。

こうした政権交代（コアビタシオンの成立）によって、改革への法的・制度的枠組み形成に成功しつつあったフランス社会保障制度は、政策の具体的実施段階を迎えたところで、再び混迷の度合いを高めたと評価することができる。政権交代にもかかわらず、社会保障拠出法や社会負債返済拠出金に基づく一般制度の負債返済など、ジュペ・プランの重要事項に関する抜本的な変更は考えられない。しかし、ジョスパン政権には、社会的弱者の切り捨てにつながるとジュペ・プランに当初から反対していた共産党や緑の党が参加したことにくわえて、ジュペ・プランに基づく医療協約制度による医療費抑制政策に対して、病院や医師団体の抵抗が根強く続いたことなどから、とくに一九九八年に医師協約をいったん全面的に破棄するとともに、疾病保険を中心とする部分において大きな変更が行われることになった。たとえば、フランスの疾病保険は、日本の医療保険制度と同様に複数の制度が併存する枠組みになっており、しかも日本の国民健康保険に相当する国民皆保険の受け皿となる制度を欠くため、複数の制度の谷間に落ち込んでいずれの保険制度にも加入することができない階層が発生する問題が以前から指摘されていた。こうした問題に対処するため、ジョスパン政権は、ジュペ・プランに盛り込まれていた普遍的医療制度創設の方針を踏襲し、一九九九年七月に、社会保険・社会扶助いずれの制度でも医療に関する給付を受けられない、いわゆる制度の谷間にある者を対象とした「普遍的疾病給付法」(Loi:création d'une couverture maladie universelle) を制定した。

しかし、こうした普遍的医療制度の創設をどのような原理に基づいて進めていくかについては、依然として明確な方針は出されていない、ジュペ・プランでは、複数の制度の一本化ではなく、職域保険としての疾病保険金庫を維持したままで、制度と加入要件との関係を単純化して、普遍的な医療保険制度創設につなげていこうとするものであった[20]。しかし、これとは別に、医療保険制度の抜本的改革によって、国民皆保険を実現するために制度の統一を図り、その財源としては租税をベースに考えていくべきとの考え方もあり、ジョスパン政権は、当面前者の道をとっているようではあるが、より社会主義的政策として後者の道を選択しようとする構想も消えたわけではなかったように思われる。

いずれにしても、ジュペ・プラン以後のフランス社会保障改革が、必ずしもドラスティックな「福祉国家」の再編につながっていないのは、社会保障組織の自律性の原則に基づく「国民的（社会的）連帯」の原理を、普遍的な社会保障制度に適用し、発展させていくことの根本的な困難性にあると考えることができる。つまり、元来「職域連帯」の原理に基づいて成立したフランスの「社会保障」（sécurité sociale）制度を、制度間の財源移転や租税からの補塡によって、しかも各制度の給付水準に大きな低下をまねくことなく、国民全体を対象とする普遍的なシステムとしての「社会保障」（「社会保護」）（protection sociale）に転換することは、理念としてはともかく現実の制度設計としては、さまざまな手法によっても容易ではないということである。この問題は、一九九七年の国民議会選挙の結果による政権交代の一つの大きな要因が、ジュペ・プランに基づく社会保障改革に対する国民の反発にあったとしても、依然としてフランス社会全体に残されている大きな課題である。

むすびにかえて

これまでみてきたように、フランス社会保障制度の抜本的改革をめざしたジュペ・プランが、結果的にその後の政権交代によって、その改革の成果を十分に示すことができないままに終わってしまったことは、フランスにおける「福祉国家」再編の困難性を象徴するものであった。そしてジュペ政権の後を受けたジュスパン政権も、焦点となっていた医療制度をはじめとする制度改革に着手したものの、ジュペ・プランに代わるような改革のプログラムを提示することはできず、事実上フランスにおける社会保障制度改革は、各種金庫の財政危機を回避するための彌縫策としてとらえられる、諸改革の積み重ねに終始しているのが現状であろう。

こうしたフランスにおける「福祉国家」再編の困難性は、第二次大戦後、元来「職域連帯」の原理をもとに形成された社会保険を、「国民的（社会的）連帯」の原理に基づいて、国民全体にその対象を拡大することによって発展してきた「保険的福祉国家」とでも呼べるものの構造的な危機に基づくものと考えることができる。つまり有名なベヴァリッジ報告に基礎づけられたイギリスや、福祉サービスの充実を推進してきた北欧諸国が、租税を基本的財源とする普遍的社会保障制度の確立を目指してきたのに対して、フランスやドイツなどは、あくまでも労使が負担する保険料を基本的財源とし、とくにフランスにおいては、各級金庫理事会の自律性の原則にこだわる社会保障組織運営の原理をかかげた「福祉国家」形成の道を歩んできた。そうした形態での「福祉国家」形成は、第二次大戦後のフランスが、経済成長と福祉国家の発展が相互に支えあってきた「成長国家」（Etat de croissance）[21]としての性格を強くもっていたことが背景にあったと考えることができる。しかし、近年の社会・雇用情勢の変化は、福祉国家のビスマルク・モデルとも呼ばれる、こうした「保険的福祉国家」の存立基盤を大きく揺るがすものとなっている。

そうした状況のなかで、フランスにおいても一九八〇年代以降、一般社会拠出金制度の導入に端的にあらわれているような、社会保障財源の租税化の傾向、また新たな社会的危機に対処するための社会扶助の充実、さらには実質的「ニーズ」に応じた社会保障を実現するため、各種給付に対して所得制限を付ける傾向がでてくるなど、さまざまな制度改革による「福祉国家」再編の試みが行われてきている。しかし、経済のグローバル化やヨーロッパ地域統合の進展などによって、こうした制度改革によっても、雇用問題の解決に寄与するところは少なく、社会保険料の重い負担が企業の新規雇用を抑制しているなど、積極的な福祉政策がもたらす経済的効果に対する国民の信頼性は揺らいでいる。こうした現状は、社会保障制度改革を実施する主体としての国家に対する信頼性そのものの低下を招きかねない情勢を生み出している。そのことが、相次ぐ年金制度改革の挫折に象徴されているように、フランス福祉国家をより普遍的な社会保障制度の体系に大胆に変革させることを国民に躊躇させる大きな原因になっていると考えることができる。(22)

慢性的ともいえる雇用問題の発生や、従来の経済・雇用政策では対処できない新しい社会的危機への対処の必要性など、「雇用社会」そのものの危機的状況のなかで、そうした「雇用社会」の安定を前提としてきた「保険型福祉国家」の危機は、財政危機にとどまらない「福祉国家」に対する正統性の低下の大きな要因になっている。しかもそうした「保険型福祉国家」をより普遍的システムに変更することも、すでにみたような、社会保障機関の理事会における労使の強力な抵抗に典型的に示されているようにもちろん容易ではない。フランスにおける「福祉国家」の本格的再編は、こうした問題を克服し、「国民的（社会的）連帯」にかかわる新しい社会保障の制度原理を構築するという、きわめて難しい課題に直面している。

（1）Droit Social, Juin 1997.

（2）Pierre Rosanvallon, La Crise de l'Etat-providence, 1981, Paris, Seuil, nouvelle édition, 1992. p.16.

（3）フランスにおける「雇用社会」の危機の問題については、Robert Castel, Les métamorphose de la question sociale, Fayard, 1995.が、歴史的背景を中心に詳細に論じている。

（4）社会扶助としての同化最低所得（allocations de revenu minimum d'insertion）の金額は、補足性の原則に基づき、自立のための取り組みなどに関する同化契約の締結を前提に、稼働所得と基準額との差額を支給する。なお同化最低所得制度をフランスにおける貧困問題をめぐる広い議論に位置づけたものとして、都留民子『フランスの貧困と社会保護』法律文化社、二〇〇〇年、を参照。

（5）ここで述べた福祉政策におけるモラル・ハザードの問題は、福祉国家における社会的市民権（社会権）のジレンマにもつながるものである。つまり社会連帯や共同体意識に由来する社会権が、それを既得権として実体化した個人によって無責任的に行使されることによって、本来の社会連帯の手段としての役割を喪失し、福祉国家の諸政策が政治的資源動員力によって左右されてしまうという問題である。

（6）Intervention du Premier ministre Alain Juppé sur la réforme de la protection sociale, Assemblée Nationale, 15 Novemble, 1995.この全文はDroit Social, N.3, Mars 1996に掲載されている。

（7）前記のDroit Social, N.3, Mars 1996では、このジュペ・プランに対する詳細な検討が加えられている。以下、本書でふれるジュペ・プランの詳細に関しては、基本的にこれに依拠している。

（8）具体的には、のちに述べる「社会負債返済拠出金」が創設されたが、こうした改革に先立って、すでに一九九一年にはロカール政権のもとで、「一般社会拠出金」（Contribution sociale généralisée）のような租税の性格をもつ拠出金が創設されている。この社会保障拠出金は、各納税義務者の所得に対して一律に課税されるもので、社会保障の保険料を負担困難な程度にまで引き上げることを防ぐように、税収によって社会保障の一定部分を賄おうとする社会保障財源の租税化の試みとして注目された。今後こうした財源が社会保障予算に占める割合は確実に増大していくであろう。

（9）Droit Social, op.cit., p.222.

（10）Ibid., p.228.

（11）Politique de la Vieillesse. Rapport de la Commission d'Etude des problèmes de la vieillesse, Editions du Haut Comité de la Population, 1 volume 1962.

（12）ラロック委員会の高齢者雇用に対する基本的考えは以下の通りである。高齢者の増大にともなう社会的費用を軽減する第一の方法は就労年限の延長であること。高齢者の就労年限の延長は単に経済的側面だけでなく、高齢者の福祉に役立つものでなければならないこと。高齢者の就労が労働市場に低賃金労働など悪影響を及ぼすことを避けるために、高齢者を多く雇用する企業に対する賃金補助的政策が望ましいことなどである。

(13) 公的な支給開始年齢以前でも年金額を減額すれば年金の支給を受けることができるが、フルペンションとはこうした減額なしに完全年金の支給を受けることである。

(14) 第八次経済社会発展計画の老人部会において、グリュソン（M.Claude Gruson）委員は、積立金蓄積によって政府が投資をコントロールする手段を得ること、貯蓄的機能によって過去の経済を年金に反映させることができること、自助意識を高める（responsabiliser）ことが期待されることなどをあげて、年金の賦課方式から積立方式への転換を提唱した。藤井良治『現代フランスの社会保障』東京大学出版会、一九九六年、一五三頁。

(15) 診療報酬をめぐるフランス医療保険制度の歴史的経過については、藤井前掲書、第2章を参照。

(16) Loi constitutionnelle instituant les lois de financement de la sécurité sociale.

(17) この社会保障拠出法律によって現行のフランス法体系には、次の四つの種類の法律が存在することになった。通常法律（Loi ordinaire）、組織法律（Loi organique）、予算法律（Loi de finance）そして社会保障拠出法律（Loi de financement de la sécurité sociale）である。このように社会保障拠出が法律事項とされたことは、現代国民国家に占める福祉政策の重要性を演繹するものともいえるが、一方で、この社会保障拠出法の制定にもかかわらず、社会保険の給付や保険料率の決定は命令事項であり、社会保障拠出法の範囲内でしか支出が認められないなどの絶対的制約ではない。こうした点に、社会保障拠出法の予算法などと大きく異なる性格が存在している。こうしたフランス社会保障拠出（財源）法の法的性格や、社会保障予算に関する議会の関与の問題に関しては、伊奈川秀和『フランスに学ぶ社会保障改革』中央法規、二〇〇〇年、一一三〜一一八頁。

(18) この社会負債返済拠出金（ＣＤＳ）は、単一の制度ではなく、給与等所得、資産収入、投資運用収入など、全部で七つの個別的拠出金の総称であるが、税率は、七つすべての課税項目に対して、一律に〇・五パーセントを徴収するものである。したがってすでにふれた、慢性的な赤字構造をもつ一般制度の負債を返済する目的で、一九九一年に創設された「一般社会拠出金」に比べると、税率も低く期間限定ではあるものの、課税範囲を拡大している点に最大の特徴があるといえる。フランス社会保障制度における財源問題の政策的位置づけに関しては、伊奈川前掲書、第3章を参照。

(19) F・Oが、ジュペ・プランへの抵抗方針を決定した背景には、伝統的に社会保障制度の自律性原則を重視し、長年にわたって全国疾病保険金庫の理事長ポストを確保してきたF・Oが、社会保障組織改革によって、その理事長ポストを失うことが大きな要因として存在していたと考えられる。

(20) Droit Social, op.cit., p.223.

(21) Robert Castel, op.cit., pp.372-384.

(22) ただし、年金制度に関しては、完全な定額制を実施するならともかく、加入期間や報酬に比例する部分を残したままで、租税を大幅に財源として投入することは合理的ではなく、逆に国民の制度に対する信頼性を損ねる可能性をもつと考えられる。

結　論

本書が主題とした、フランス「福祉国家」(Etat-providence）体制は、これまで検討してきたように、旧体制下の救貧政策に代わる、第二帝政期の共和政理論の「社会問題」への取り組みに端を発し、第三共和政期に激しい論争を経て形成された社会保険制度を土台として、第二次世界大戦後、「戦後復興」への動きと新しい社会・経済秩序の模索のなかで構想された、いわゆるラロックプランによって、普遍的社会保障システムを目指す諸制度が整備されることで形成された。この体制は、非雇用者を含む国民全体を対象とする社会保険制度の拡充として、社会保障制度の普遍化・一般化の道を模索するものであった。しかし、普遍的な社会保障制度の確立を目指した社会保障「組織法」の成立にもかかわらず、一般制度への統合を拒む自営業者等の強硬な反対によって、広範な特別制度を存続させる形で社会保障制度の一般化が進められることになった。こうして成立・発展したフランス社会保障システムは、共済組合原則の伝統を受け継ぎ、社会保険制度の非「国家主義」的・労使の自主管理の原則を堅持して、きわめて複雑で多様な諸組織のもとで運営されてきたことに大きな特徴をもつものであった。こうした特徴は、第三共和政期からの遺産である、共和国の責務としての「社会連帯」の実現という理念を目標に掲げ、諸制度に「危険」に対する最低保障だけでなく、強制貯蓄や互助福祉など、多様な役割をもたせようとする考えを根強く維持しているここに示されている。

このようなフランス福祉国家の形成は、ドイツの各種社会保険制度の直接的な影響のもとに形成された「社会保険」の枠組みを基本的に維持したままで、それをより普遍的な社会保障システムとして発展させるという独特の過程を辿るものであった。こうした過程は、福祉国家形成における組織的労働運動など社会民主主義勢力の役割を強調する権力資源動員モデルや、統治原理の危機に直面した保守政党や国家官僚組織の主導的役割を強調する理論モデルではいずれも説明できない、フランス独自の政治力学によって作り出されたものであった。しかし、こうした独特の福祉国家体制は、複雑化した制度間の調整や、財源的に自立できない制度の存続などの問題を生み出し、それらを処理するために、「国民的連帯」の概念によって、より普遍的社会保障システムへ漸進的制度改革を続けていくことにもなった。そして、第5章で検討したように、ヨーロッパ地域統合や雇用情勢の変化などを受けて、新しい目的税的社会保障財源の導入をはかるなど、「保険型福祉国家」の改変を目指す動きもみえはじめている。しかし、失業保険が基本的に社会保障制度ではなく、労使協約に基づく連帯制度として運営されていることに象徴されるように、制度の運営に関する労使自治の伝統はフランス社会保障制度に依然として強く根付いている。この社会保障における労使自治・共済原則は、経済・雇用情勢の変化によって次第に実態にあわないものになりつつあるが、ジュペ・プランの挫折に象徴されるように、その伝統を覆すのは容易ではなく、今後も基本的には維持されていくであろう。

しかし、ヨーロッパにおける地域統合の趨勢のなかで、国民の政治的アイデンティティが多層化し、EU内の社会政策の平準化が求められていく状況のもとで、フランスにおける国民統合にとって、「福祉国家」がもつ役割は現在大きな転換期を迎えている。つまりフランスにおける福祉国家論は、「フランス・モデル」とも呼ばれるイデオロギー的分極化とエリート官僚支配のなかで、「国民的連帯」の概念を援用する社会保障制度に対する国民の幅広い信頼性の存在が、党派的対立を乗り越えた政治社会の安定性を作り出す要因となり、国民統合を支える中核的イデオロギーになりうるものであった。しかし、他方では、社会保障制度が「救い主（providence）としての国家」を名目に、高い保険料など国民に重い負担を押しつけ、国民や企業から活力と自主性を奪うだけでなく、医療制度改革に象徴されるように、制度改変のたびに激しい混乱と世論の分裂を引き起こすなど、むしろ政治社会の不安定要因を作りだしているとする批判もある。さらに、さまざまな社会的疎外に対応するための「社会扶助」（公的扶助）の近年の増大傾向などは、社会保障制度と市民権の関係をめぐる曖昧さが、不法滞在者などを増加させる一つの要因になっているとする主張の根拠として、外国人排斥を主張する極右政党などによって援用されることもしばしばである。

こうした福祉国家論のもつ国民統合に果たす両義性は、同時にフランス福祉国家の政治社会における位置づけの難しさにもつながっていると考えられる。フランスにおいて「福祉国家」の中核をなす社会保障制度は、フランス共和政を支える原理のひとつでもある「友愛」（fraternité）を政治社会において具体化するものとして、「政治的領域」「市民的（民事的）領域」に対する、「社会的領域」を存立基盤としてきた。しかし、社会保障システムという、国家機構の関与が国民的規模の制度維持のために不可欠でありながら、それらを非「国家主義」的に運営していこうとする際、そうした制度の管理・運営主体を、上記の三つの領域のどこに位置づけ、それらをいかなる権限と責任をもって運営させていくかは、きわめて微妙な問題である。

こうした問題はさらに、近年の福祉国家研究における従来の「社会民主主義モデル」に対する批判に答えて、福祉国家パラダイムの再構築を目指す動きのなかで提唱されている二つの新しい指向性とも関連している。福祉国家パラダイムの再構築の第一の方向性としては、さまざまな福祉サービスの供給主体を、国家、市場システム、ボランティア団体など、その社会的位相を異にする部門に配分することによって、福祉国家システムの非効率性や官僚主義を克服することを目指すものである。この発想は、従来の福祉国家の類型論における「社会民主主義モデル」で強調されてきた「非市場化」の方向とは異なり、一部では新保守主義からの福祉国家批判に重なる主張をもっているが、国家による統制を極力避け、多元的な福祉社会の展望を目指すものといえる。第二の方向性は、分権化された経済的意思決定を調整する最も効率的な方法としての市場システムを、より公正な社会の実現を目指す社会主義の目的を達成するために利用すべきであるとする「市場社会主義」の主張である。この立場は、社会保障制度の民主的運営の最も重要な要件として、福祉サービス利用者の「参加」を強調している点に特徴があり、いわゆる新しい「市民社会論」ともつながる視点をもっている。ただし、住民参加を主体とする自主管理型の福祉社会形成を今後いっそう模索していくとしても、ナショナル・ミニマムの維持や安定した財源の確保など、依然として国民国家レベルの取り組みが不可欠な領域も多く、その可能性も含めて、議論は緒についたばかりといえる。

フランス政治社会における「福祉国家」の位置づけは、以上にみてきたように、現在の福祉国家パラダイムにおける問題関心とも重なる、きわめて重要な問題点を示唆し、「国家」「市民」とその間にある「社会」の相互関係のあり方と、それぞれの存立基盤を改めて問い直す大きな契機ともなっている。このことは、従来の厚生経済学におけるパレート最適的秩序観に代わる、新しい政治社会秩序の基本構想を提示することが、今後の福祉国家論、ひいては国民国家のあり方を含めた政治社会の統合原理を探るために不可避の課題となることを示している。これまで検討してきた、フランスにおける福祉国家の形成とその再編過程は、こうした政治社会の統合原理を再考していくうえで、さまざまな論点を我々に提示するものといえる。

あとがき

この本の原型は、一九九八年に九州大学に提出し、学位請求論文となった「フランスにおける『福祉国家』体制の形成」である。著者は、修士論文で、デュルケームの政治社会理論を取り上げて以来、フランスにおける社会連帯思想の展開を、具体的な政策論争のなかで跡づけることを課題としてこの論文を構想したが、議会資料など参考文献を十分に読み込むことができず、結局フランス社会保障制度の史的展開過程を、内外の先行研究の咀嚼によって整理することにほとんど終始する形でこの論文を作成した。一九九八年に松山大学に赴任以来、この論文をさらに発展させて、一つは、第三共和政期のフランス社会主義運動と連帯主義との関連を、もう一つは、現代フランス社会保障制度の転換を、社会住宅政策など、具体的政策領域に着目して研究することを課題としたが、どちらもほとんど成果を上げることができず今日に至っている。

こうしたなかで、この学位論文の主要部分を基礎として、大学の紀要等に発表した諸論考をまとめて、著書として公刊することに対しては、内心忸怩たるものを禁じ得ないが、たとえ不十分なものであっても、一度何らかの形で整理することが必要な時期にきていると考え、著書として発表し、江湖の批評を求めることにしたものである。

そうした拙い著作ではあっても、こうした形で論考をまとめるまでには、多くの方の学恩に支えられてきた。とくに、学部生のとき以来、長年にわたってご指導いただいている、福岡大学教授・九州大学名誉教授の小山勉先生には、日頃の不勉強をお詫びするとともに、改めて感謝の気持ちを述べさせていただきたい。そのほか、学部ゼミの指導教授としてご指導いただいて以来、常に温かい言葉をかけてくださっている石川捷治先生、社会人として大学院に戻ったときに指導教授になってくださった藪野祐三先生など、多くの先生方に、この場を借りてお礼を申し上げることにしたい。

さらに、赴任以来、大学人としての振る舞いを、さまざまな形でご教授くださっている、神森智現学長をはじめとする松山大学の諸先生方、さらには長年の教務委員としての仕事を、事実上全面的に支えてくださった事務職員の方々にも改めてお礼を申し上げたい。なお、この本の刊行に際しては、二〇〇四年度松山大学研究叢書として出版助成を受けている。関係者に対して、あわせてお礼を申し上げる。

戦争と革命の世紀と呼ばれた二十世紀が終焉し、二十一世紀の世界は、相互理解と連帯の時代になることが期待されていたが、各地で暴力の連鎖がくり返される、先行きのまったくみえない時代になろうとしている。戦争が、ゲーム感覚で行われることの危険性を、私たちは今一度強く認識する必要があるように思う。その意味で、現在病床にあり、ほとんど会話ができない父から、シベリア抑留体験をもっと詳細に聞いておくべきだったと、いま悔やんでいるところである。我が家の三人の子どもたちにとっても、これからの世界が、真に希望に満ちた、生きがいのもてる時代となるよう、微力ながら、これからも常に新しい世界の可能性を考えて歩んでいきたいと思う。

著者紹介

廣 澤 孝 之（ひろさわ　たかゆき）

1964年　福岡県に生まれる
1986年　九州大学法学部卒業
現　在　松山大学法学部助教授
著　書　『現代日本政治史』（晃洋書房）
『かかわりの政治学』（共著，法律文化社）
『マツヤマの記憶　日露戦争100年とロシア兵捕虜』（共著，成文社）

松山大学研究叢書第46巻

2005年3月30日　初版第1刷発行
2006年6月20日　初版第2刷発行

フランス「福祉国家」体制の形成

著　者　廣 澤 孝 之
発行者　岡 村 　勉

発行所　株式会社 法 律 文 化 社

〒603-8053　京都市北区上賀茂岩ケ垣内町71
電話 075(791)7131　FAX 075(721)8400
URL:http://www.hou-bun.co.jp/

印刷：㈱太洋社／製本：㈱オービービー
装幀　前田俊平
ISBN 4-589-02796-8

宮本太郎著
福祉国家という戦略
―スウェーデンモデルの政治経済学―
Ａ５判・三一〇頁・三九九〇円

スウェーデン福祉国家の形成と発展プロセスを実証研究と理論動向を踏まえ、丹念に分析。福祉国家戦略を理論的に解明し、その全体構造を鮮やかに示す。今後の福祉国家研究の礎となる分析枠組・視角・手法を提示。

渡辺博明著
スウェーデンの福祉制度改革と政治戦略
―付加年金論争における社民党の選択―
Ａ５判・三一〇頁・八〇八五円

最低限度の生活保障から高福祉・高負担への転換を自覚的に導こうとした政党と対抗勢力との攻防をたどる。イデオロギーや戦略・戦術が交錯する政治過程の検証を通じて、政党政治の本質に迫る。

名古忠行著
イギリス社会民主主義の研究
―ユートピアと福祉国家―
Ａ５判・三五二頁・七五六〇円

一八八〇～一九三〇年世紀転換期の英国社会民主主義の思想と運動を原資料の解読を通じて考察。「第一世代」と呼ばれる政治家や思想家、諸団体・政党の理念―政策―政治の相互関係を具体的に分析する。

都留民子著
フランスの貧困と社会保護
―参入最低限所得（ＲＭＩ）への途とその経験―
Ａ５判・二四〇頁・四七二五円

Ⅰ部で貧困問題から排除問題への推移をたどり、Ⅱ部で貧困・排除に抗する社会諸施策の一つであるＲＭＩ制度を丹念に考察。その実像を明らかにし、課題を見出し実行するフランスから日本の社会保護制度のあり方を問う。

Ｊ・ボストン、Ｐ・ダルジール、Ｓ・セント・ジョン編
芝田英昭・福地潮人監訳
ニュージーランド福祉国家の再設計
―課題・政策・展望―
Ａ５判・四〇四頁・六八二五円

市場経済化の波にのみこまれた「南の理想郷」。財政赤字と格闘しつつも福祉国家を再構築しようとした90年以降の政策改革の背景と結果を問題別・分野別に検証。概念的・実践的弱点を分析し、「効果的な福祉国家」への助言を提供。